詞 名 索 引

（增 補 本）

吳藕汀編著

中 華 書 局

圖書在版編目(CIP)數據

詞名索引/吳藕汀編著. —增補本—北京:中華書局,2006
(2007 重印)
ISBN 978 – 7 – 101 – 04203 – 0

Ⅰ.詞… Ⅱ.吳… Ⅲ.詞(文學) – 中國 – 古代 – 索引
Ⅳ.Z89:I222.8

中國版本圖書館 CIP 數據核字(2004)第 123468 號

責任編輯:俞國林

詞 名 索 引
(增補本)
吳藕汀 編著

*
中 華 書 局 出 版 發 行
(北京市豐臺區太平橋西里 38 號 100073)
http://www.zhbc.com.cn
E – mail:zhbc@ zhbc.com.cn
北京市白帆印務有限公司印刷
*
850×1168 毫米 1/32 · 9 印張 · 140 千字
2006 年 1 月第 1 版 2007 年 7 月北京第 2 次印刷
印數:3001 – 6000 冊 定價:19.00 元

ISBN 978 – 7 – 101 – 04203 – 0/G · 820

目　錄

例　言

　　唐人作詞,多緣題所賦,如臨江仙之言仙事,女冠子則述道情。兩宋以來,新聲迭創,而詞調云繁。後人厭常喜新,更用舊譜,易以新名,因之同調異名,日漸增多。各家詞集,參錯並見,讀者至此,記憶為難。茲將各調之正名及異名,掇為一編,以供查閱。

　　本編取材,除萬樹《詞律》、康熙《欽定詞譜》外,並唐、五代、宋、元以來諸家之詞總集、別集、詞話、詞譜、小說等作品中所引以補充之。明、清兩代及近代詞家之自度新腔或用舊譜易以新名者,均一並採入。

　　唐代聲詩,金、元小令,如聲詩之紇那曲、囉嗊曲等,小令之平湖樂、慶宣和等調名,概從《欽定詞譜》例列入。

　　本編所註:

　　《欽定詞譜》簡稱為"譜"。

　　《詞律》簡稱為"律"。

　　《詞律拾遺》簡稱為"律拾"。

　　《詞律補遺》簡稱為"律補"。

下列數字,即其卷第。其他專集、選本仍從原名,並註卷次,以便查閱。

　　詞調令慢同列,舊譜已成通例。然調異名同,《欽定詞譜》等亦有分列。如三臺有唐宋兩調,而不同譜。其外,有正名與異名相同而不同調者如烏夜啼,而相見歡異名亦曰烏夜啼。又有同是異名而不同調者,如浪淘沙、謝池春俱名賣花聲等等,兹特標明次序,以資區別。

　　本編搜採未廣,疏漏難免,他日續有所得,再當增補。

二〇〇二年八月重編於嘉興之竹桥

一　畫

一七令　　譜十一　律補

又名：一七體。

此調有平韻、仄韻兩體。

平韻體見《唐詩紀事》卷三十九唐白居易詞。

仄韻體見《唐詩紀事》卷三十九唐韋式詞。

一七體

即一七令。明陸人龍詞名一七體，見《型世言》。

一寸金　　譜三十四　律十九

調見宋柳永《樂章集》卷中。

一井金

調見金元好問《遺山先生新樂府》卷五。

一片子　　律拾一

調見《全唐詩·附詞》唐無名氏詞。

一半兒

即憶王孫。《歷代詩餘》卷二憶王孫調註："一名一半兒。"

一半兒令

即憶王孫。清陳作芝詞名一半兒令，見《詞綜補遺》卷二十一。

一半兒詞

即憶王孫。清佟世恩詞名一半兒詞，見《與梅堂遺集》。

一年春

即青玉案。《歷代詩餘》卷四十三青玉案調註："一名一年春。"

一江春水

即虞美人。元王行詞名一江春水，見《半軒詞》。

一串紅牙

清沈謙自度曲，見《東江別集》。

一枝花　譜二十　律十二

（一）即促拍滿路花。宋辛棄疾詞名一枝花，見《稼軒長短句》卷五。

（二）即一翦梅。宋李清照詞名一枝花，見《彤管遺編續集》卷十七。

一枝春　譜二十三　律十四

宋楊纘自度曲，見《絕妙好詞》卷三。

一枝秋犯

清戈載自度曲，見《新聲譜》。

一捧蓮

調見《秘戲圖考》清無名氏詞。

一捻紅　譜三十一

即瑞鶴仙。調見《夷堅志》卷十三。宋託紫姑神詞。

一痕沙　律三

（一）即昭君怨。明陳繼儒詞名一痕沙，見《古今詞話·詞辨》卷上。

（二）即點絳唇。《歷代詩餘》卷五點絳唇調註："一名一痕沙。"

一痕眉碧

清丁澎新譜犯曲。見《扶荔詞》。

一斛金

即一斛珠。明夏樹芳詞名一斛金，見《消暍詞》。

一斛夜明珠　譜十二

即一斛珠。《宋史·樂志》名一斛夜明珠。

一斛珠　譜十二　律八

又名：一斛金、一斛夜明珠、怨春風、梅梢雪、章臺月、醉落托、醉落拓、醉落魄、醉羅歌、闕黑麻。

調見《尊前集》五代李煜詞。

一絲風　譜五　律二

即訴衷情令。宋張輯詞名一絲風，見《東澤綺語》。

一絲兒

即訴衷情令。清孫在中詞名一絲兒，見《大雅堂詩餘》。

一絡索　譜五　律四

即一落索。宋陳鳳儀詞名一絡索，見《唐宋諸賢絕妙詞選》卷十。

一落索

　　又名：一絡索、上林春、玉連環、洛陽春、窗下繡。

　　調見宋歐陽修《醉翁琴趣外篇》卷六。

一葉舟

　　卽昭君怨。金侯善淵詞名一葉舟，見《上清太玄集》卷九。

一葉落　　譜二　律二

　　調見《尊前集》五代李存勗詞。

一萼紅　　譜三十五　律十九

　　此調有平韻、仄韻兩體。

　　平韻體見宋姜夔《白石道人歌曲》卷四。

　　仄韻體見《花草粹編》卷十二宋無名氏詞。

一翦梅　　譜十二　律九

　　又名：一枝花、玉簟秋、臘前梅、臘梅香、臘梅春、醉中。

　　調見宋周邦彥《片玉詞》卷上。

一點春　　律一

　　調見《詞律》卷一侯夫人詞。

一叢花　　譜十八　律十一

　　又名：一叢花令。

　　調見宋蘇軾《東坡詞》。

一叢花令

　　卽一叢花。宋張先詞名一叢花令，見《張子野詞》卷一。

一籮金　　譜十三　律九

　　（一）卽蝶戀花。宋李石詞名一籮金，見《翰墨大全》乙集卷十七。

　　（二）卽菩薩蠻。宋無名氏詞名一籮金，見《翰墨大全》丁集卷四。

二　畫

二十五字令

　　清毛先舒自度曲，見《填詞名解》卷四。

二十四令

又名：三休撰、六聽。

清陸棻自度曲,見《新聲譜》。

二十字令

清毛先舒自度曲,見《瑤華集》卷一。

二犯水仙花

調見明唐寅《六如居士詞》。

二色宮桃　譜十二　律拾二

(一)調見《梅苑》卷九宋無名氏詞。

(二)卽思歸樂。《蓮子居詞話》卷二云："思歸樂一名二色宮桃。"

二色蓮　譜二十三　律補

宋曹勛自度曲,見《松隱樂府》卷二。

二郎神　譜三十二　律十五

又名：二郎神慢、十二郎、轉調二郎神。

唐教坊曲名。

調見宋柳永《樂章集》卷中。

二郎神慢

卽二郎神。金馬鈺詞名二郎神慢,見《鳴鶴餘音》卷一。

十二郎　譜三十二　律十五

卽二郎神。宋吳文英詞名十二郎,見《夢窗乙稿》。

十二時　譜六　律四

卽憶少年。宋朱敦儒詞名十二時,見《樵歌拾遺》。

十二時慢　譜三十七　律二十

此調有平韻、仄韻兩體。

平韻體見《宋史·樂志》卷十五宋無名氏詞。

仄韻體見宋朱雍《梅詞》。

十二峰

卽河傳。五代李珣詞名十二峰,見《記紅集》。

十二橋

調見《瑤華集》卷十二清毛先舒詞。

十八香　譜四

卽點絳唇。《欽定詞譜》卷四云："王十朋詞名十八香。"

十六字令　譜一　律一

卽歸字謠。宋周玉晨詞名十六字令,見《花草粹編》卷十。

十六賢

宋曹勛自度曲,見《松隱樂府》卷二。

十月桃　譜二十七　律十六
　　又名：十月梅。
　　調見《樂府雅詞・拾遺》卷下
　　宋無名氏詞。

十月梅　譜二十七
　　卽十月桃。宋無名氏詞名十
　　月梅，見《梅苑》卷一。

十姊妹
　　近人吳藕汀自度曲，見《畫牛
　　閣詞集》。

十拍子　譜十四　律九
　　唐教坊曲名。
　　卽破陣子。宋趙善扛詞名十
　　拍子，見《中興以來絕妙詞
　　選》卷四。

十恩德
　　調見《敦煌歌辭總編》卷三唐
　　釋願清詞。

十報恩
　　卽瑞鷓鴣。金馬鈺詞名十報
　　恩，見《洞玄金玉集》卷七。

十愛詞　譜一
　　卽南歌子。金鄭子聃詞名十
　　愛詞，見《齊乘》卷五。

十種緣

調見《敦煌歌辭總編》卷三唐
無名氏詞。

十樣花　譜一　律拾一
　　調見宋李彌遜《筠溪詞》。

丁香結　譜二十七　律十六
　　調見宋周邦彥《片玉集》卷
　　五。

七騎子
　　調見金王嚞《重陽全真集》卷
　　十一。

七寶玲瓏
　　調見金王嚞《重陽分梨十化
　　集》卷上。

七孃子　譜十三　律九
　　又名：鴛鴦語。
　　調見《能改齋漫錄》卷十七宋
　　黃大臨詞。

卜算子　譜五　律三
　　又名：卜算子令、百尺樓、眉峰
　　碧、缺月掛疏桐、孤鴻、黃鶴洞
　　中仙、楚天遙。
　　調見宋蘇軾《東坡詞》。

卜算子令
　　卽卜算子。宋無名氏詞名卜
　　算子令，見《事林廣記》癸集

卷十二。

卜算子慢　譜二十一　律三
調見《全唐詩·附詞》五代鍾輻詞。

八六子　譜二十二　律十三
又名:感黃鸝。
調見《尊前集》唐杜牧詞。

八犯玉交枝　譜三十五　律十九
卽八寶妝。宋仇遠詞名八犯玉交枝,見《無絃琴譜》卷二。

八拍蠻　譜一　律一
唐教坊曲名。
調見《花間集》卷八五代孫光憲詞。

八音諧　譜二十八　律拾四
調見宋曹勛《松隱樂府》卷三。

八節長歡　譜三十六　律十五
調見宋毛滂《東堂詞》。

八聲甘州　譜二十五　律一
又名:八聲甘州慢、甘州、甘州歌、蕭蕭雨、宴瑤池。
調見宋柳永《樂章集》卷下。

八聲甘州慢
卽八聲甘州。宋鄭子玉詞名八聲甘州慢,見《全芳備祖》後集卷十。

八歸　譜三十六　律十九
此調有平韻、仄韻兩體。
平韻體見宋高觀國《竹屋癡語》。
仄韻體見宋姜夔《白石道人歌曲》卷四。

八寶妝　譜二十七　律十六
卽新雁過妝樓。宋陳允平詞名八寶妝,見《日湖漁唱》。
　　　　譜三十五　律十九
又名:八犯玉交枝。
調見《樂府雅詞·拾遺》卷上宋劉燾詞。
　　　　律拾三
調見宋張先《張子野詞》卷一。

八寶裝　律十二
調見宋張先《張子野詞》卷一。

入塞　譜九　律七
調見宋程垓《書舟詞》。

人月圓　譜七　律五
又名:人月圓令、青衫子、青衫濕。

此調有平韻、仄韻兩體。

平韻體見《唐宋諸賢絕妙詞選》卷三宋王詵詞。

仄韻體見宋楊無咎《逃禪詞》。

人月圓令

卽人月圓。宋李持正詞名人月圓令,見《能改齋漫錄》卷十六。

人心願

原調已佚。宋陳夢協渡江雲壽婦人集曲名詞,有"解稱人心願"句,輯名。見《截江網》卷六。

人在樓上　譜二十七

卽聲聲慢。《欽定詞譜》卷二十七云:"吳文英詞有人在小樓句,名人在樓上。"

人南渡

卽感皇恩。宋賀鑄詞名人南渡,見《東山詞》卷上。

人間癡夢

近人張伯駒自度曲,見《張伯駒詞集》。

九回腸

卽好女兒。宋賀鑄詞名九回腸,見《東山詞》卷上。

九重春色

清沈謙新翻曲,見《東江別集》。

九張機　譜四十

宋大曲名。

調見《樂府雅詞·拾遺》卷上宋無名氏詞。

又鎖門

調見金王喆《分梨十化集》卷上。

三　畫

三休撲

卽二十四令。清陸蓁詞名三休撲,見《雅坪詞選》。

三犯渡江雲　譜二十八

即渡江雲。宋周密詞名三犯渡江雲,見《蘋洲漁笛譜》卷一。

三犯錦園春　譜二十三

即四犯翦梅花。《欽定詞譜》卷二十三云:"盧祖皐詞一名三犯錦園春。"

三字令　譜七　律五

調見《花間集》卷五五代歐陽烱詞。

三字琵琶

調見清顧景星《白茅堂詞》。

三光會合

即韻令。金馬鈺詞名三光會合,見《重陽教化集》卷一。

三姝媚　譜二十七　律十六

又名:三姝媚曲。

此調有平韻、仄韻兩體。

平韻體見《陽春白雪》卷六宋杜良臣詞。

仄韻體見宋史達祖《梅溪詞》。

三姝媚曲

即三姝媚。宋詹玉詞名三姝媚曲,見《鳳林書院草堂詩餘》卷上。

三段子　譜三十八

即寶鼎現。宋李彌遜詞名三段子,見《筠溪詞》。

三部樂　譜二十六　律十五

調見宋蘇軾《東坡樂府》卷三。

三奠子　譜十五　律十

調見金元好問《遺山樂府》卷中。

三登樂　譜十六　律拾二

調見宋范成大《石湖詞》。

三　臺　譜一　律一

又名:三臺令、三臺詞、三臺春曲、江南三臺、宮中三臺、突厥三臺、開元樂、翠華引。

唐教坊曲名。

調見《尊前集》唐韋應物詞。

　　　　譜二十九　律一

調見《唐宋諸賢絕妙詞選》卷七宋万俟詠詞。

三臺令　譜二

(一)即古調笑。五代馮延巳詞名三臺令,見《陽春集》

(二)調見《南唐二主詞》五代

李煜詞。

律一

卽三臺。明胡儼詞名三臺令，見《明詞綜》卷一。

三臺春曲

卽三臺。宋許棐詞名三臺春曲，見《梅屋四稿》。

三臺詞

(一)卽三臺。明胡儼詞名三臺詞，見《頤庵詩餘》。

(二)調見《考古》一九七二年第三期唐無名氏詞。

三歸依

調見《敦煌歌辭總編》卷三唐無名氏詞。

于飛樂　譜十六　律十一

又名:于飛樂令、鴛鴦怨曲。調見宋晏幾道《小山詞》。

于飛樂令

卽于飛樂。宋張先詞名于飛樂令，見《張子野詞》卷二。

下手遲

卽恨來遲。金丘處機詞名下手遲，見《磻溪集》。

下水船　譜十七　律十一

唐教坊曲名。

調見宋黃庭堅《山谷詞》。

下瀧船

卽欸乃曲。唐無名氏詞名下瀧船，見《古今詞話·詞辨》卷上。

大江西上曲　譜二十八　律十六

卽念奴嬌。宋戴復古詞名大江西上曲，見《石屏詞》。

大江西去曲

卽念奴嬌。清周在浚詞名大江西去曲，見《梨莊詞》。

大江東

卽念奴嬌。元王旭詞名大江東，見《蘭軒集》。

大江東去　譜二十八　律十六

卽念奴嬌。宋何夢桂詞名大江東去，見《潛齋先生文集》卷四。

大江乘

卽念奴嬌。宋阮槃溪詞名大江乘，見《翰墨大全》丁集卷四。

大江詞

卽念奴嬌。宋林橫舟詞名大

江詞,見《翰墨大全》丁集卷
四。

大　有　譜二十七　律十五
　　調見宋周邦彥《片玉集》卷
　　五。

大官樂
　　調見金長筌子《洞淵集》卷
　　五。

大郎神
　　卽離別難。見離別難條。

大　椿　譜二十八　律補
　　調見宋曹勛《松隱樂府》卷
　　一。

大聖樂　譜三十五　律十九
　　(一)此調有平韻、仄韻兩體。
　　平韻體見《草堂詩餘》前集卷
　　下宋無名氏詞。
　　仄韻體見宋周密《蘋洲漁笛
　　譜》卷一。
　　(二)卽沁園春。《歷代詩餘》
　　卷八十八沁園春調註云:“一
　　名大聖樂。”

大聖樂令
　　卽玉團兒。宋仲並詞名大聖
　　樂令,見《浮山詩餘》。

大　酺　譜三十七　律二十
　　調見宋周邦彥《片玉集》卷
　　七。

兀　令　譜二十一　律拾三
　　又名:想車音。
　　調見宋賀鑄《東山詞》卷上。

上小樓
　　卽相見歡。明方鳳詞名上小
　　樓,見《改亭詩餘》。

上丹霄
　　卽金人捧露盤。金丘處機詞
　　名上丹霄,見《磻溪集》。

上平西　譜十八
　　卽金人捧露盤。宋程垓詞名
　　上平西,見《欽定詞譜》。

上平曲
　　卽金人捧露盤。宋程垓詞名
　　上平曲,見《書舟詞》。

上平南　譜十八
　　卽金人捧露盤。金劉昂詞名
　　上平南,見《歸潛志》卷四。

上江虹　律十三
　　卽滿江紅。《詞律》卷十三目
　　錄滿江紅調註:“《冥音錄》
　　云,原名上江虹。”

上行杯　譜三　律二

唐教坊曲名。

（一）此調有仄韻、平仄韻互叶兩體。

仄韻體見《花間集》卷三五代韋莊詞。

平仄韻互叶體見《花間集》卷八五代孫光憲詞。

（二）調見五代馮延巳《陽春集》。

上西平　譜十八　律十一

卽金人捧露盤。宋張元幹詞名上西平，見《蘆川詞》。

上西平曲

卽金人捧露盤。清傅燮詷詞名上西平曲，見《後琴臺遺響》。

上西樓　譜三　律二

（一）卽相見歡。宋陸遊詞名上西樓，見《渭南文集》卷五十。

（二）卽烏夜啼。《歷代詩餘》卷十八錦堂春調下註："一名上西樓。"

上林春　律三

（一）卽上林春令。《詞律》卷三上林春調註"或加令字。"

（二）卽一落索。《詞律》卷四一落索調註："又名上林春。"

（三）卽上林春慢。宋晁端禮詞名上林春，見《閒齋琴趣外篇》卷一。

上林春令　譜十　律三

又名：上林春。

調見宋毛滂《東堂詞》。

上林春慢　譜三十　律三

調見《續骫骳說》宋晁沖之詞。

上昇花　譜三十三

卽花心動。元吳全節詞名上昇花，見《鳴鶴餘音》卷五。

上陽春　譜十九　律十二

卽暮山溪。宋無名氏詞名上陽春，見《翰墨大全》丁集卷四。

上樓春

卽玉樓春。宋無名氏詞名上樓春，見《醒世恆言》卷四。

川撥棹

調見金王喆《重陽全真集》卷

三。

小木蘭花

卽減字木蘭花。宋無名氏詞名小木蘭花,見《翰墨大全》庚集卷十五。

小　令

卽醉太平。宋顏奎詞名小令,見《天下同文》。

小沖山　譜十三

卽小重山。宋李邴詞名小沖山,見《中興以來絕妙詞選》卷一。

小抛毬樂令

調見《高麗史・樂志》宋無名氏詞。

小紅樓

詞調佚。見金李俊民《莊靖先生樂府》目錄。

小重山　譜十三　律八

又名:小沖山、小重山令、玉京山、柳色新、枕屏風、群玉軒、感皇恩、璧月堂。

此調有平韻、仄韻兩體。

平韻體見《花間集》卷六五代和凝詞。

仄韻體見《鳳林書院草堂詩餘》卷下元黃子行詞。

小重山令　譜十三

卽小重山。宋姜夔詞名小重山令,見《白石道人歌曲》卷三。

小庭花　譜四　律三

卽浣溪沙。明高濂詞名小庭花,見《芳芷樓詞》。

小桃紅　譜四

卽平湖樂。元白樸詞名小桃紅,見《天籟集》卷下。

譜十六　律二

卽連理枝。宋劉過詞名小桃紅,見《龍洲詞》。

小秦王　律一

又名:丘家箏、陽關曲、陽關詞。

唐教坊曲名。

調見《詞品》卷一唐無名氏詞。

小梁州

調見《嬌紅傳》宋申純詞。

小梅花　譜十二　律八

(一)卽梅花引。宋賀鑄詞名

小梅花,見《陽春白雪》外集。（二）卽如夢令。《蓮子居詞話》卷二《同調異名錄》云："如夢令一名小梅花。"

小梅花引

詞調佚。調名見宋蔣捷《竹山詞》翠羽吟詞序。

小窗燈影

清毛先舒自度曲,見《填詞名解》卷四。

小聖樂　譜二十四　律拾三

又名:驟雨打新荷。

金元好問自度曲,見《遺山先生新樂府·補遺》。

小樓連苑　譜三十　律十六

卽水龍吟。宋楊樵雲詞名小樓連苑,見《鳳林書院草堂詩餘》卷中。

小貍奴

卽南歌子。近人吳藕汀詞名小貍奴,見《畫牛閣詞集》。

小憐妝

清毛先舒自度曲,見《填詞名解》卷四。

小諾皋

明王世貞自度曲,見《弇山集》。

小闌干　譜七

卽眼兒媚。宋盧祖皋詞名小闌干,見《浦江詞稿》。

　　　譜八　律五

卽少年遊。《欽定詞譜》卷八少年遊調註:"薩都剌詞名小闌干。"

小鎮西　譜十六

卽小鎮西犯。宋柳永詞名小鎮西,見《樂章集》卷下。

小鎮西犯　譜十六　律十一

又名:小鎮西、五靈妙仙、鎮西。

調見宋柳永《樂章集》卷下。

口脂香

卽甘州曲。五代顧敻詞名口脂香,見《記紅集》。

山外雲

卽茅山逢故人。清潘鍾瑞詞名山外雲,見《香禪精舍集》。

山花子　譜七　律三

又名:南唐浣溪沙、負心期、浣沙溪、溪字浣溪沙、感恩多令、攤破浣溪沙。

唐教坊曲名。

此調有平韻、仄韻兩體。

平韻體見《花間集》卷六五代和凝詞。

仄韻體見《敦煌歌辭總編》卷二唐無名氏詞。

山抹微雲

卽滿庭芳。清柯焵詞名山抹微雲,見《月中簫譜》。

山亭柳　譜十八　律十一

又名:遇仙亭。

此調有平韻、仄韻兩體。

平韻體見宋晏殊《珠玉詞》。

仄韻體見宋杜安世《壽域詞》。

山亭宴　譜三十　律十七

又名:山亭宴慢。

調見宋張先《張子野詞·補遺》卷下。

山亭宴慢

卽山亭宴。宋張先詞名山亭宴慢,見《張子野詞》卷一。

山鬼謠　譜三十六

卽摸魚兒。宋辛棄疾詞名山鬼謠,見《稼軒詞甲集》。

山莊勸酒

卽霜天曉角。宋張輯詞名山莊勸酒,見《永樂大典》卷一萬二千零四十三。

山路花

調見《西陵詞選》清沈豐垣詞。

山溪滿路花

清沈謙新翻曲,見《東江別集》。

山僧歌

調見《敦煌歌辭總編》卷二唐無名氏詞。

山漸青　譜二　律二

卽長相思。宋張輯詞名山漸青,見《東澤綺語》。

山鷓鴣

唐教坊曲名。

(一)調見《全唐詩·樂府》唐蘇頲詞。

(二)清丁澎新翻曲,見《扶荔詞》。

千年調　譜十七　律十一

卽相思會。宋辛棄疾詞名千

年調,見《稼軒長短句》卷七。

千金意

調見《花草粹編》卷七宋人依托琴精詞。

千春詞

卽沁園春。宋無名氏詞名千春詞,見《截江網》卷四。

千秋引 律拾三

卽千秋歲引。宋李冠詞名千秋引,見《歷代詩餘》卷五十二。

千秋節 譜十六

卽千秋歲。《欽定詞譜》卷十六千秋歲調註:"一名千秋節。"

千秋萬歲 譜十九

卽千秋歲引。宋李冠詞名千秋萬歲,見《花草粹編》卷八。

千秋歲 譜十六

又名:千秋節。

(一)調見宋張先《張子野詞》卷三。

(二)卽念奴嬌。宋遊文仲詞名千秋歲,見《截江網》卷六。

(三)卽木蘭花慢。宋無名氏

詞名千秋歲,見《截江網》卷六。

千秋歲引 譜十九 律十

又名:千秋引、千秋萬歲、千秋歲令、澹紅綃。

調見宋王安石《臨川先生歌曲·補遺》。

千秋歲令 譜十九

卽千秋歲引。宋無名氏詞名千秋歲令,見《高麗史·樂志》。

千葉蓮

卽鷓鴣天。宋賀鑄詞名千葉蓮,見《東山詞》卷上。

子夜

卽菩薩蠻。五代李煜詞名子夜,見《尊前集》。

子夜歌

卽憶秦娥。宋賀鑄詞名子夜歌,見《東山詞》卷上。

譜五 律四

卽菩薩蠻。五代李煜詞名子夜歌,見《南唐二主詞》。

譜三十六 律二十

調見《鳳林書院草堂詩餘》卷上元彭元遜詞。

子夜啼

　　卽菩薩蠻。五代李煜詞名子夜啼，見《尊前集》。

女王曲

　　卽菩薩蠻。見《古今詞話·詞辨》卷上註。

女冠子　　譜四　律三

　　又名：女冠子慢。

　　唐教坊曲名。

　　此調有仄韻、平仄韻互叶兩體。

　　仄韻體見宋柳永《樂章集》卷上。

　　平仄韻互叶體見《花間集》卷一唐溫庭筠詞。

女冠子慢　　譜四

　　卽女冠子。《欽定詞譜》卷四女冠子調註："柳永詞一名女冠子慢。"

四　　畫

王孫信　　譜十　律七

　　卽尋芳草。宋辛棄疾詞名王孫信，見《稼軒詞乙集》。

天下樂　　譜十　律七

　　唐教坊曲名。

　　調見宋楊無咎《逃禪詞》。

　　　　　　譜十二

　　卽瑞鷓鴣。《欽定詞譜》卷十二云："瑞鷓鴣《樂府記聞》名天下樂。"

天下樂令　　譜五

　　卽減字木蘭花。宋無名氏詞名天下樂令，見《高麗史·樂志》。

天仙子　　譜二　律二

　　又名：萬斯年、秋江碧、萬斯年曲。

　　唐教坊曲名。

　　此調有平韻、仄韻兩體。

　　平韻體見《花間集》卷三五代韋莊詞。

　　仄韻體見《花間集》卷二五代

皇甫松詞。

天臺怨

即天臺宴。明蔣平階詞名天臺怨，見《支機集》卷一天臺宴詞序。

天臺宴

又名：天臺怨。

明蔣平階自度曲，見《支機集》卷一。

天門謠　譜五　律四

即朝天子。宋賀鑄詞名天門謠，見宋李之儀《姑溪詞》附錄。

天淨沙　譜一　律補

又名：塞上秋。

調見《朝野新聲太平樂府》元喬吉詞。

天　香　譜二十四　律十四

又名：天香慢、伴雲來、樓下柳。

調見《樂府雅詞·拾遺》卷下宋王觀詞。

天香引　譜十　律拾二

即折桂令。宋文同詞名天香引，見《浙江通志》卷三百七十六。

天香慢

即天香。金長筌子詞名天香慢，見《洞淵集》卷五。

天道無親

即甘草子。金馬鈺詞名天道無親，見《洞玄金玉集》卷十。

天寧樂

即金人捧露盤。宋賀鑄詞名天寧樂，見《東山詞》卷上。

元會曲　譜二十三

即水調歌頭。宋毛滂詞名元會曲，見《東堂詞》。

木　笪　譜九　律補

調見《太平樂府》元白樸詞。

木蘭花　律七

唐教坊曲名。

（一）即玉樓春。五代牛嶠詞名木蘭花，見《全唐詩》附詞。

（二）調見《花間集》卷三五代韋莊詞。

（三）調見《敦煌歌辭總編》卷二唐無名氏詞。

（四）即減字木蘭花。明周用詞名木蘭花，見《周恭肅公詞》。

木蘭花令　譜十一

（一）《欽定詞譜》以木蘭花雜言體為木蘭花令。

（二）即玉樓春。唐徐昌圖詞名木蘭花令，見《草堂詩餘》前集卷下。

木蘭花慢　譜二十九　律七

又名：千秋歲、減字木蘭花。

調見宋柳永《樂章集》卷下。

木蘭香　譜五

即減字木蘭花。宋徐介軒詞名木蘭香，見《全芳備祖》前集卷七。

五三五

清魏際瑞自度曲，見《魏伯子文集》。

五更令

調見金王嚞《重陽全真集》卷九。

五更出舍郎

調見金王嚞《重陽全真集》卷七。

五更轉

唐大曲名。

調見《敦煌歌辭總編》卷五唐無名氏詞。

五　拍　譜十二

即瑞鷓鴣。宋關註詞名五拍，見《墨莊漫錄》卷四。

五福降中天

譜二十一　律拾三

又名：五福降中天慢。

調見《歲時廣記》卷十二引《古今詞話》宋江致和詞。

譜三十一　律十七

即齊天樂。宋沈端節詞名五福降中天，見《克齋詞》。

五福降中天慢　譜二十一

即五福降中天。《欽定詞譜》卷二十一云："調見《花草粹編》，一作五福降中天慢。"

五福麗中天

即齊天樂。清龔鼎孳詞名五福麗中天，見《定山堂詩餘》。

五綵結同心　譜三十五　律十九

此調有平韻、仄韻兩體。

平韻體見宋趙彥端《介庵詞》。

仄韻體見《樂府雅詞·拾遺》

卷上宋無名氏詞。

五靈妙仙

即小鎮西犯。金馬鈺詞名五
靈妙仙,見《洞玄金玉集》卷
九。

仄韻過秦樓　譜三十五　律十九

即選冠子。《欽定詞譜》卷三
十五云:"選冠子一名仄韻過
秦樓。"

太平令

調見金侯善淵《上清太玄集》
卷九。

太平年　譜五　律補

即太平年慢。參見太平年慢
條。

太平年慢　譜五　律補

又名:太平年。
調見《高麗史·樂志》宋無名
氏詞。

太平時　譜三　律三

即添聲楊柳枝。宋賀鑄詞名
太平時,見《東山詞》卷上。

太平歡　譜二十八

即念奴嬌。宋姚述堯詞名太
平歡,見《簫臺公餘詞》。

太平樂　譜十二

唐教坊曲名。
即瑞鷓鴣。宋關註詞名太平
樂,見《墨莊漫錄》卷四。

太常引　譜七　律五

又名:太清引、臘前梅。
(一)調見宋辛棄疾《稼軒長
短句》卷十二。
(二)即少年遊。元趙孟頫詞
名太常引,見《松雪齋樂府》。

太清引　譜七

即太常引。《欽定詞譜》卷七
云:"《太和正音譜》一名太清
引。"

太清歌詞

調見《鄭元佐新註斷腸詩
集》卷四註引宋無名氏詞殘
句。

太清舞

宋大曲名。
調見宋史浩《鄮峰真隱大曲》
卷一。

不如歸去

清魏際瑞自度曲,見《魏伯子
文集》。

不 見 譜二

即如夢令。宋沈蔚詞名不見，見《樂府雅詞·拾遺》卷下。

不怕醉 譜五

即謁金門。宋韓淲詞名不怕醉，見《澗泉詩餘》。

比目魚

清沈謙新翻曲，見《東江別集》。

比 梅 譜二 律二

即如夢令。宋張輯詞名比梅，見《東澤綺語》。

少年心 譜十三 律九

又名：添字少年心。

調見宋黃庭堅《山谷詞》。

少年遊 譜八 律五

又名：小闌干、太常引、玉臘梅枝。

此調有平韻、仄韻兩體。

平韻體見宋晏殊《珠玉詞》。

仄韻體見宋晁補之《晁氏琴趣外篇》卷五。

少年遊慢 譜二十一 律拾三

調見宋張先《張子野詞·補遺》卷上。

中秋月

即憶秦娥。明徐有貞詞名中秋月，見《武功集》。

中腔令

即端正好。宋無名氏詞名中腔令，見《高麗史·樂志》。

中管高

即春草碧。《歷代詩餘》卷六十五春草碧調註："一名中管高。"

中興樂 譜四 律三

又名：西興樂、柳絮飛、眉尊、絲雨隔、濕羅衣、羅衣濕。

此調有平韻、平仄韻間叶兩體。

平韻體見《花間集》卷五五代牛希濟詞。

平仄韻間叶體見《花間集》卷五五代毛文錫詞。

內家嬌 譜三十四 律拾五

此調有平韻、仄韻兩體。

平韻體見《雲謠集雜曲子》唐無名氏詞。

仄韻體見宋柳永《樂章集》卷中。

律二

　　卽風流子。明鄒樞詞名内家嬌,見《十美詞紀》。

水天遠

　　調見清蔣敦復《芬陀利室詞集》。

水仙子　　譜四　律補

　　又名:凌波仙、凌波仙子、馮夷曲、湘妃怨。

　　唐教坊曲名。

　　調見元張可久《小山樂府》。

水流花

　　調見明潘廷章《渚山樓詞》。

水晶簾　　譜一　律二

　　(一)卽南歌子。《欽定詞譜》卷一云:“張泌詞有‘高卷水晶簾額’句,名水晶簾。”

　　(二)卽江城子。唐牛嶠詞名水晶簾,見《填詞圖譜》卷一。

　　(三)又名:玉井蓮。

　　調見《翰墨大全》丁集卷二宋無名氏詞。

水晶簾外月華清

　　清沈謙新翻曲,見《東江別集》。

水雲遊

　　卽黃鶯兒。金丘處機詞名水雲遊,見《磻溪集》。

水鼓子

　　(一)調見《敦煌歌辭總編》卷三唐無名氏詞。

　　(二)卽漁家傲。宋歐陽修詞名水鼓子,見《古今詞話·詞辨》卷下。

水慢聲

　　卽水漫聲。明曹元方詞名水慢聲,見《淳村詞》。

水漫聲

　　又名:水慢聲。

　　明屠隆自度曲。調見《歷代詩餘》卷九十七。

水調詞

　　調見《敦煌歌辭總編》卷二唐無名氏詞。

水調歌　　譜四十

　　(一)調見《全唐詩·樂府》唐無名氏詞。

　　(二)卽水調歌頭。宋無名氏詞名水調歌,見《翰墨大全》丁集卷二。

水調歌頭　譜二十三　律十四

又名:元會曲、水調歌、江南好、花犯念奴、凱歌、臺城遊。

此調有平韻、平仄韻互叶兩體。

平韻體見宋毛滂《東堂詞》。

平仄韻互叶體見宋蘇軾《東坡詞》。

水龍吟　譜三十　律十六

又名:小樓連苑、水龍吟令、水龍吟慢、海天闊處、莊椿歲、鼓笛慢、龍吟曲、豐年瑞。

此調有平韻、仄韻兩體。

平韻體見清汪曰楨《荔牆詞》。

仄韻體見宋蘇軾《東坡詞》。

水龍吟令　譜三十

卽水龍吟。宋無名氏詞名水龍吟令,見《高麗史·樂志》。

水龍吟慢　譜三十

卽水龍吟。宋無名氏詞名水龍吟慢,見《高麗史·樂志》。

化生兒

卽雙雁兒。金馬鈺詞名化生兒,見《漸悟集》卷上。

爪茉莉　譜十九　律十二

調見《類編草堂詩餘》卷二宋柳永詞。

月下美人來

清陸浣新翻曲,見《湖州詞錄》。

月下笛　譜二十七　律十五

(一)調見宋姜夔《白石道人歌曲》卷四。

(二)卽瑣窗寒。宋周邦彥詞名月下笛,見《片玉集抄補》。

月下飲

清佟世南自度曲,見《東白堂詞選》。

月上瓜洲　譜三　律二

卽相見歡。宋張輯詞名月上瓜洲,見《東澤綺語》。

月上紗窗烏夜啼

清丁澎新翻曲,見《扶荔詞》。

月上海棠　譜十六　律十

又名:月上海棠慢、玉關遙、海棠月。

調見《梅苑》卷五宋無名氏詞。

月上海棠慢　譜十六

即月上海棠。宋曹勛詞名月上海棠慢,見《松隱樂府》卷二。

月中仙　譜三十二　律拾五

即月中桂。元趙孟頫詞名月中仙,見《松雪齋文集》卷十。

月中行　譜七　律六

即月宮春。宋周邦彥詞名月中行,見《片玉詞》卷上。

月中柳

清沈謙新翻曲,見《東江別集》。

月中桂　譜三十三　律十八

又名:月中仙。

調見宋趙彥端《介庵詞》。

月先圓

即好女兒。宋賀鑄名月先圓,見《東山詞》卷上。

月兒高

調見清青心才人《雙合歡》第二回。

月底修簫譜　譜十八　律十一

即祝英臺近。宋張輯詞名月底修簫譜,見《東澤綺語》。

月穿窗

即歸字謠。宋周玉晨詞名月穿窗,見《記紅集》。

月城春　譜二十三

即四犯翦梅花。宋盧祖皋詞名月城春,見《蒲江詞稿》。

月宮春　譜七　律五

又名:月中行。

調見《花間集》卷五五代毛文錫詞。

月華清　譜二十七　律十六

又名:月華清慢。

調見《中興以來絕妙詞選》後集卷十宋洪瑹詞。

月華清慢

即月華清。宋無名氏詞名月華清慢,見《高麗史·樂志》。

月照梨花　譜十一　律六

即河傳。宋陸遊詞名月照梨花,見《中興以來絕妙詞選》卷二。

月當窗　譜四　律三

即霜天曉角。宋張輯詞名月當窗,見《東澤綺語》。

月當樓

即荷葉杯。五代顧敻詞名月

當樓,見《記紅集》。

月當廳　譜二十九　律十七

（一）宋史達祖自度曲,見《梅溪詞》。

（二）即霜天曉角,宋辛棄疾詞名月當廳,見《填詞圖譜》卷一。

月　魄

清丁澎新譜犯曲,見《扶荔詞》。

月　曉

清顧無咎自度曲,見《詞綜補遺》卷八十六。

月邊嬌　譜二十五　律十五

宋周密自度曲,見《蘋洲漁笛譜》卷二。

月籠沙

清沈謙新翻曲,見《東江別集》。

丹青引

近人吳藕汀自度曲,見《畫牛閣詞集》。

丹鳳吟　譜三十六　律十九

（一）調見宋周邦彥《片玉集》卷二。

（二）即孤鸞。元張翥詞名丹鳳吟,見《蛻巖詞》卷下。

文序子

原調已佚。宋無名氏滿庭芳集曲名詞,有"文序子"句,輯名。見《事林廣記》戌集卷二。

文姬怨

調見明楊儀《南宮詩餘》。

六么令　譜二十三　律十四

又名:宛溪柳、樂世、綠腰、綠腰令、錄要。

調見宋柳永《樂章集》卷下。

六么花十八　譜十五

即夢行雲。宋吳文英夢行雲詞原註:"即六么花十八",見《夢窗丁稿》。

六　州　譜三十七　律補

調見《宋史·樂志》宋和峴詞。

六州歌頭　譜三十八　律二十

（一）此調有平韻、平仄韻互叶兩體。

平韻體見《中興以來絕妙詞選》卷七宋劉褒詞。

平仄韻互叶體見宋賀鑄《東山寓聲樂府》。

（二）調見《詞苑萃編》卷一唐岑參詞。

六花飛　譜二十九　律補

調見宋曹勛《松隱樂府》卷二。

六國朝

調見元楊弘道《小亨集》卷五。

六國朝令

調見《永樂大典》卷二萬三百五十三元耶律鑄詞。

六橋行

調見《永樂大典》卷二千二百六十五宋周端臣詞。

六醜　譜三十八　律二十

調見宋周邦彥《片玉集》卷七。

六　聽

卽二十四令。清陸棻詞名六聽，見《雅坪詞選》。

心月照雲溪

卽暮山溪。金丘處機詞名心月照雲溪，見《磻溪集》。

引駕行　譜十　律七

又名：長春。

此調有平韻、仄韻兩體。

平韻體見宋柳永《樂章集》卷下。

仄韻體見宋柳永《樂章集》卷中。

弔嚴陵　譜三十六

又名：暮雲碧。

調見《樂府雅詞·拾遺》卷下宋李甲詞。

巴渝曲

卽竹枝。《古今詞話·詞辨》卷上註："一名巴渝曲。"

巴渝辭　律一

卽竹枝。《詞律》卷一竹枝調註："又名巴渝辭。"

五　畫

玉人歌　譜二十一

調見宋楊炎正《西樵語業》。

律十三

即探芳信。《詞律》卷十三探芳信調註:"又名玉人歌。"

玉山枕 譜三十六 律十九

調見宋柳永《樂章集》卷下。

玉女迎春慢 譜二十四 律十四

調見《鳳林書院草堂詩餘》卷上元彭元遜詞。

玉女度千秋

清丁澎新翻曲,見《扶荔詞》。

玉女剔銀燈

清沈謙新翻曲,見《東江別集》。

玉女搖仙佩 譜三十八 律二十

又名:玉女搖仙輩。

調見宋柳永《樂章集》卷上。

玉女搖仙輩

即玉女搖仙佩。金王喆詞名玉女搖仙輩,見《重陽教化集》卷三。

玉井蓮

即水晶簾。宋陸遊詞名玉井蓮,見《記紅集》。

玉水明沙 譜七

即柳梢青。宋韓淲詞名玉水明沙,見《澗泉詩餘》。

玉 合

調見五代韓偓詞,見《香奩集》。

玉交枝 譜六

(一)即相思引。宋房舜卿詞以叶平韻詞名玉交枝,見《梅苑》卷八。

(二)即憶秦娥。《詞律》卷四目次憶秦娥調註:"又名玉交枝。"

玉交梭

調見《鳴鶴餘音》卷四元無名氏詞。

玉宇無塵

即醉蓬萊,明楊儀詞名玉宇無塵,見《南宮詩餘》。

玉京山

即小重山。金王喆詞名玉京山,見《重陽分梨十化集》卷下。

玉京秋 譜二十四 律十三

(一)宋周密自度曲,見《蘋洲漁笛譜》卷一。

（二）調見宋賀鑄《賀方回詞》
卷一。

玉京謠　譜二十五　律十四

宋吳文英自度曲，見《夢窗甲
稿》。

玉抱肚　譜三十八　律二十

調見宋楊無咎《逃禪詞》。

玉花洞

卽留春令。金王喆詞名玉花
洞，見《重陽分梨十化集》卷
上。

玉珥墜金環　譜七

（一）卽燭影搖紅。元趙雍詞
名玉珥墜金環，見《趙待製遺
稿》。

（二）卽秋色橫空。元白樸詞
名玉珥墜金環，見《天籟集》
卷下。

玉浮圖

卽金浮圖。近人吳藕汀詞名
玉浮圖，見《畫牛閣詞集》。

玉堂仙

調見清徐旭丹《世經堂詞》。

玉堂春　譜十三　律九

（一）調見宋晏殊《珠玉詞》。

（二）卽玉樓春。清王庭詞名
玉堂春，見《秋閒詞》。

玉帶花

調見明夏言《桂洲集》卷三。

玉梅令　譜十五　律十

調見宋姜夔《白石道人歌曲》
卷三。

玉梅香慢　譜二十四　律拾二

調見《梅苑》卷三宋無名氏
詞。

玉連環　譜五　律四

（一）卽一落索。宋張先詞名
玉連環，見《張子野詞》卷一。

　　　　律十九

（二）卽解連環。明王夫之詞
名玉連環，見《鼓棹初集》。

　　　譜三十三　律拾五

（三）宋馮偉壽自度曲，見《中
興以來絕妙詞選》卷十。

（四）宋曹勛自度曲，見《松隱
樂府》卷一。

　按："連"或作"聯"。

玉連環影

清納蘭成德自度曲，見《通志
堂詞》。

玉壺冰　譜十二

卽虞美人。宋周紫芝詞名玉壺冰,見《竹坡詞》。

玉葉重黄

調見宋晁端禮《閒齋琴趣外篇》卷五。

玉溪清

卽青門引。明朱讓栩詞名玉溪清,見《長春競辰餘稿》。

玉團兒　譜十　律七

又名:大聖樂令。

調見宋周邦彥《片玉詞抄補》。

玉液泉

調見《鳴鶴餘音》卷四元無名氏詞。

玉階怨

調見清陸瑶林《九畹閣詩餘》。

玉漏遲　譜二十三　律十四

調見《花草粹編》卷九宋韓嘉彥詞。

玉樓人　譜十　律拾二

調見《梅苑》卷八宋無名氏詞。

玉樓人醉杏花天

清沈謙新翻曲,見《東江別集》。

玉樓春　譜十二　律七

又名:上樓春、木蘭花、木蘭花令、玉堂春、玉樓春令、江南弄、西湖曲、呈纖手、東鄰妙、春曉曲、惜春容、夢相親、歸風便、歸朝歡令、轉調木蘭花、續漁歌。

調見《花間集》卷六五代顧敻詞。

玉樓春令　譜十二

卽玉樓春。宋康與之詞名玉樓春令,見《中興以來絕妙詞選》卷一。

玉樓望江月

清鄭景會新譜犯曲,見《煙柳詞》。

玉樓深

清徐樹銘自度曲,見《微園詩餘》。

玉樓宴

調見宋晁端禮《閒齋琴趣外篇》卷一。

玉碾薯　律拾二

　　卽掃地舞。宋無名氏詞名玉
　　碾薯,見《歷代詩餘》卷三十
　　五。

玉蓮花　譜十五

　　卽謝池春。《欽定詞譜》卷十
　　五註:"孫道絢詞名玉蓮花。"

玉蝶環

　　調見《繡谷春容・劉煕寰覓
　　蓮記》明無名氏詞。

玉蝴蝶　譜四　律三

　　又名:玉蝴蝶令、玉蝴蝶慢。
　　調見《花間集》卷一唐溫庭筠
　　詞。

玉蝴蝶令

　　卽玉蝴蝶。明無名氏詞名玉
　　蝴蝶令,見《繡谷春容・辜駱
　　鍾情麗集》。

玉蝴蝶慢　譜四

　　卽玉蝴蝶。《欽定詞譜》卷四
　　云:"一名玉蝴蝶慢。"

玉嬌詞

　　調見元高氏詞,見《南詔事
　　略》。

玉樹後庭花　譜五　律四

　　卽後庭花。宋張先詞名玉樹
　　後庭花,見《張子野詞・補
　　遺》卷上。

玉蹀躞　譜十七

　　卽解蹀躞。宋曹勛詞名玉蹀
　　躞,見《松隱樂府・補遺》。

玉環清江引

　　調見清徐旭旦《世經堂詞》。

玉燭新　譜二十九　律十七

　　調見宋周邦彥《片玉集》卷
　　七。

玉闌干　譜十二　律八

　　調見宋杜安世《壽域詞》。

玉簟秋　譜十三

　　卽一翦梅。《欽定詞譜》卷十
　　三云:"李清照詞名玉簟秋。"

玉簟涼　譜二十五　律十五

　　調見宋史達祖《梅溪詞》。

玉關遥　譜十六

　　卽月上海棠。《欽定詞譜》卷
　　十六云:"陸遊詞名玉關遥。"

玉露寒秋

　　調見《梅里詞緒》清徐楩詞。

玉瓏璁　譜十　律八

　　卽攧芳詞。宋無名氏詞名玉

瓏瑽,見《能改齋漫錄》卷十

六。

玉蠟梅枝　譜八

即少年遊。宋韓淲詞名玉蠟

梅枝,見《澗泉詩餘》。

玉籠瑽

調見金侯善淵《上清太玄集》

卷九

玉籠鸚鵡

即歸國遙。五代韋莊詞名玉

籠鸚鵡,見《記紅集》。

玉鑪三澗雪

即西江月。金王喆詞名玉鑪

三澗雪,見《重陽分梨十化

集》卷上。

玉籤金

即蝶戀花。明高濂詞名玉籤

金,見《芳芷樓詞》。

甘　州　譜二十五

即八聲甘州。宋周密詞名甘

州,見《草窗詞》卷下。

甘州子　譜二　律一

即甘州曲。五代顧敻詞名甘

州子,見《花間集》卷六。

甘州令　譜十八　律一

調見宋柳永《樂章集》卷下。

甘州曲　譜二　律一

又名:甘州子、口脂香。

調見《全唐詩》五代王衍詞。

甘州偏　譜十四　律一

調見《花間集》卷五五代毛文

錫詞。

甘州歌

(一)調見《全唐詩》唐符載

詞。此調依《全唐五代詞》例

列入。

(二)即八聲甘州。宋陸叡詞

名甘州歌,見《西湖遊覽志

餘》卷五。

甘草子　譜六　律四

又名:天道無親。

調見宋柳永《樂章集》卷上。

甘露歌　譜十六　律拾一

又名:古祝英臺。

調見宋王安石《王文公文集》

卷八十。

甘露滴喬松　譜二十四　律拾二

調見《欽定詞譜》卷二十四引

《翰墨全書》宋無名氏詞。

古四北洞仙歌

調見《鄭元佐新註斷腸詩集》
卷五宋無名氏詞殘句。

古相思

調見《詩淵》宋梅堯臣詞。

古香慢　譜二十二　律拾三

宋吳文英自度曲，見《鐵網珊
瑚》畫品卷七。

古烏夜啼

卽相見歡。金元好問詞名古
烏夜啼，見《遺山樂府》卷下。

古祝英臺　譜十六

卽甘露歌。《欽定詞譜》卷十
六云：“甘露歌，一名古祝英
臺。”

古　記　譜二

卽如夢令。宋無名氏詞名古
記，見《梅苑》卷十。

古梅曲　譜二十八

卽念奴嬌。宋韓淲詞名古梅
曲，見《澗泉詩餘》。

古釵嘆

調見《全唐詩》唐張籍詞。此
調依《詞名集解》例列入。

古黃花慢

卽黃花慢。清王乃徵詞名古

黃花慢，見《王病山先生遺
詞》。

古陽關　譜十八　律十一

卽陽關引。宋晁補之詞名古
陽關，見《晁氏琴趣外篇》卷
三。

律拾五

調見《花草粹編》卷十一引
《古今詞話》宋無名氏詞。

古傾杯　譜三十二　律七

卽傾杯樂。宋柳永詞名古傾
杯，見《樂章集》卷中。

古調笑　譜二

又名：三臺令、古調笑令、古調
轉應曲、宮中調笑、調笑令、調
嘯詞、轉應曲、轉應詞。
調見唐王建詞，見《欽定詞
譜》卷二。

古調笑令

卽古調笑。明邵復孺詞名古
調笑令，見《蛾術詞選》卷二。

古調歌

卽蘇幕遮。宋俞紫芝詞名古
調歌，見《楊州瓊花集》。

古搗練子

卽搗練子。宋賀鑄詞名古搗
練子，見《全宋詞》本《東山
詞》卷上。

瓦盆歌

調見金王喆《重陽全真集》卷
十三。

石竹子

調見明楊儀《南宮詩餘》。

石州引　譜三十　律十七

卽石州慢。宋謝懋詞名石州
引，見《中興以來絕妙詞選》
卷四。

石州詞

卽石州慢。宋胡松年詞名石
州詞，見《雲麓漫鈔》卷十四。

石州慢　譜三十　律十七

又名：石州引、石州詞、石州
影、柳色黃。

調見宋張元幹《蘆川詞》。

石州影

卽石州慢。宋賀鑄詞名石州
影，見《陽春白雪》卷二。

石湖仙　譜二十一　律十三

宋姜夔自度曲，見《白石道人
歌曲》卷五。

石榴紅

近人吳藕汀自度曲，見《畫牛
閣詞集》。

石榴紅令

近人吳藕汀自度曲，見《畫牛
閣詞集》。

石藍花

清毛先舒自度曲，見《填詞名
解》卷四。

平等會

卽相思會。金馬鈺詞名平等
會，見《洞玄金玉集》卷九。

平調發引

又名：清平調。

調見《類說》卷十九引《倦遊
雜錄》宋王珪詞。

平湖秋月

卽秋霽。《歷代詩餘》卷八十
三秋霽調註：“一名平湖秋
月。”

平湖樂　譜四　律補

又名：小桃紅、采蓮詞、絳桃
春、笑悼翁。

調見元王惲《秋澗樂府》卷
四。

平陽興

卽踏莎行。宋賀鑄詞名平陽興,見《東山詞》卷上。

占春芳　譜六　律四

調見宋蘇軾《東坡詞》。

北山移文哨遍

卽哨遍。宋王安中詞名北山移文哨遍,見《初寮詞》。

北邙月

調見《詞苑萃編》卷二十四唐妙香詞。

且坐令　譜十六　律十

又名:且坐吟。

調見宋韓玉《東浦詞》。

且坐吟

卽且坐令。清茅麟詞名且坐吟,見《溯紅詞》。

冉冉雲　譜十三　律九

又名:弄花雨。

調見宋盧炳《烘堂詞》。

四仙韻

卽減字木蘭花。金馬鈺詞名四仙韻,見《漸悟集》卷下。

四代好　譜三十

卽宴都清。宋程垓詞名四代好,見《書舟詞》。

四犯令　譜八　律六

又名:四和香、四塊玉、桂華明。

調見宋侯寘《嬾窟詞》。

四犯玲瓏

卽玲瓏四犯。清黃文達詞名四犯玲瓏,見《綠梅花龕詞》。

四犯翠連環

清吳承勲自度曲,見《新聲譜》。

四犯翦梅花　譜二十二　律十四

又名:三犯錦園春、月城春、錦園春、錦園春三犯、轆轤金井。

調見宋劉過《龍洲詞》。

四字令　譜三　律二

卽醉太平。宋劉過詞名四字令,見《龍洲詞》。

四季妝

卽憶江南。清柯煜詞名四季妝,見《小丹丘詞》。

四和香　譜八　律六

卽四犯令。宋李處全名四和香,見《晦菴詞》。

四笑江梅引　譜二十一

即江城梅花引。宋洪皓詞有四首，每首有一笑字，故名，見《鄱陽詞》。

四時花

調見《東白堂詞選》清張戩詞。

四時詞

調見明李堂《蓳山詩餘》。

四時樂

調見《花草粹編》卷一宋李公麟詞。

四時歡

原調已佚。宋無名氏滿庭芳集曲名詞，有"四時歡會"句，輯名。見《事林廣記》戊集卷二。

四望樓

即樓上曲，明王屋詞名四望樓，見《草閑堂詞箋》。

四換頭　譜三　律三

即醉公子。《欽定詞譜》卷三云："薛照蘊、顧夐詞俱四換頭，故名四換頭。"

四園竹　譜十八　律十一

又名：西園竹。

調見宋周邦彥《片玉集》卷五。

四塊玉

（一）調見《鳴鶴餘音》卷一元無名氏詞。

（二）即四犯令。金侯善淵詞名四塊玉，見《上清太玄集》卷七。

四檻花　譜二十五　律補

宋曹勛自度曲；見《松隱樂府》卷三。

生查子　譜三　律三

又名：陌上郎、美少年、荔枝紅、梅和柳、梅溪渡、晴色入青山、楚雲深、遇仙楂、愁風月、綠羅裙、嫩卸頭。

唐教坊曲名。

調見《敦煌歌辭總編》唐無名氏詞。

丘家箏

即小秦王，見《古今詞話·詞辨》卷上。

付金釵

即更漏子。宋賀鑄詞名付金釵，見《東山詞》卷上。

仙源拾翠

卽兩同心。《歷代詩餘》卷四十五兩同心調註:"亦名仙源拾翠。"

仙鄉子

卽南鄉子。金侯善淵詞名仙鄉子,見《上清太玄集》卷八。

白玉盤

卽廣寒遊,清董蠡舟詞名白玉盤,見《湖州詞錄》。

白玉樓步虛詞

卽憶江南。宋范成大詞名白玉樓步虛詞,見《石湖居士詩集》卷三十二。

白　苧　譜三十六　律二十

又名:白紵歌。

調見《草堂詩餘》卷上宋柳永詞。

白紵歌　律二十

卽白苧。《詞律》卷二十白苧調註:"又名白紵歌。"

白　雪　譜二十四　律十四

(一)宋楊無咎自度曲,見《逃禪詞》。

(二)卽念奴嬌。宋米友仁詞名白雪,見《鐵網珊瑚》畫品卷一。

白雪詞　譜二十八

卽念奴嬌。《欽定詞譜》卷二十八云:"米友仁詞名白雪詞。"

白雲吟

調見《綠野仙蹤》第二十七回清李百川詞。

白鼻䯎

調見《全唐詩·樂府》唐李白詞。此調依《全唐五代詞》例列入。

白燕令

清陸烜自度曲,見《夢影詞》。

白鶴子

又名:白觀音。

調見金馬鈺《洞玄金玉集》卷八。

白蘋香　譜八　律六

卽西江月。五代歐陽炯詞名白蘋香,見《尊前集》。

白觀音

卽白鶴子。金馬鈺詞名白觀音,見《洞玄金玉集》卷八。

氏州第一 　譜三十一　律十一

　　又名:熙州摘遍。

　　（一）調見宋周邦彥《片玉集》
　　卷六。

　　（二）調見《詞苑萃編》卷一唐
　　張祐詞。

市橋柳 　譜十二　律八

　　調見《齊東野語》卷十一宋蜀
　　中妓詞。

半死桐

　　卽鷓鴣天。宋賀鑄詞名半死
　　桐，見《東山詞》卷上。

永同歡

　　調見《詩淵》宋仲殊詞。

永裕陵歌

　　調見《宋史·樂志》卷十五宋
　　無名氏詞。

永遇樂 　譜三十二　律十八

　　又名:永樂詞、消息。

　　此調有平韻、仄韻兩體。

　　平韻體見宋陳允平《日湖漁
　　唱》。

　　仄韻體見宋柳永《樂章集》卷
　　中。

永樂詞

　　卽永遇樂。明周楫詞名永樂
　　詞，見《西湖二集》卷二十七。

出家樂

　　調見《敦煌歌辭總編》卷三唐
　　釋法照詞。

出　塞 　譜五

　　卽謁金門。宋李石詞名出塞，
　　見《中興以來絕妙詞選》卷
　　四。

加字長相思

　　調見清楊在浦《碧江詩餘》。

六　畫

吉了犯 　譜三十

　　卽倒犯。宋周邦彥詞名吉了
　　犯，見《清真集》卷下。

老君吟

　　又名:愛蘆花。

　　調見金王吉昌《會真集》卷

三。

再相逢

調見《敦煌歌辭總編》卷二唐無名氏詞。

再團圓

卽喜團圓。宋王嬌娘詞名再團圓,見《嬌紅記》。

西入宴

卽浪淘沙。宋賀鑄詞名西入宴,見《東山詞補》校記。

西子妝　譜二十五　律十四

卽西子妝慢。宋張炎詞名西子妝,見《山中白雲詞》卷下。

西子妝慢　譜二十五

又名:西子妝。

宋吳文英自度曲,見《夢窗甲稿》。

西平曲　譜十八　律十一

卽金人捧露盤。《欽定詞譜》卷十八金人捧露盤調註:"一名西平曲。"

西平樂　譜三十　律十七

又名:西平樂慢。

此調有平韻、仄韻兩體。

平韻體見宋周邦彥《片玉集》卷二。

仄韻體見宋柳永《樂章集》卷中。

西平樂慢

卽西平樂。宋吳文英詞名西平樂慢,見《夢窗詞集》。

西江月　譜八　律六

又名:玉鑪三澗雪、白蘋香、西江美人、江月令、步虛詞、晚春時候、壺天曉、醉高歌、雙錦瑟、留窮詞、蘋香。

唐教坊曲名。

此調有平韻、平仄韻間叶、平仄韻互叶三體。

平韻體見《絕妙好詞》卷七宋趙與仁詞。

平仄韻間叶體見《敦煌歌辭總編》卷三唐無名氏詞。

平仄韻互叶體見宋柳永《樂章集》卷上。

西江月慢　譜三十二　律十六

調見宋呂渭老《聖求詞》。

西江美人

卽西江月。清傅燮詷詞名西江美人,見《借閒歌譜》。

西地錦 譜六 律四

調見宋蔡伸《友古詞》。

西吳曲 譜三十四 律拾五

調見《花草粹編》卷十一宋劉
過詞。

西 河 譜三十四 律十八

又名：西河慢、西湖。

調見宋周邦彥《片玉集》卷
八。

西河慢 譜三十四

卽西河。《欽定詞譜》卷三十
四引《碧雞漫志》云："大石調
西河慢，聲犯正平。"

西 施 譜十六

（一）調見宋柳永《樂章集》卷
下。

（二）卽戚氏。清蒲松齡詞名
西施，見《聊齋詞集》。

西施愁春

清丁澎新譜犯曲，見《扶荔
詞》。

西笑吟

卽蝶戀花。宋賀鑄詞名西笑
吟，見《東山詞》卷上。

西 湖 譜三十四 律十八

卽西河。宋張炎詞名西湖，見
《填詞圖譜》續集卷下。

西湖月 譜三十三 律十八

元黃子引自度曲，見《鳳林書
院草堂詩餘》卷下。

西湖曲 譜十二

卽玉樓春。宋朱敦儒詞名西
湖曲，見《樵歌》卷下。

西湖明月引 譜二十一

卽江城梅花引。宋陳允平詞
名西湖明月引，見《日湖漁
唱》。

西湖春 譜二十二

卽探芳信。《欽定詞譜》卷二
十二云："張炎詞名西湖春。"

西湖路 譜十五

卽青玉案。宋韓淲詞名西湖
路，見《澗泉詩餘》。

西窗燭 律拾三

宋譚宣子自度曲，見《陽春白
雪》卷六。

西園竹 律十一

卽四園竹。《片玉集》卷五宋
周邦彥四園竹詞註："官本作
西園竹。"

西溪子　譜二　律二

　　唐教坊曲名。

　　調見《花間集》卷四五代牛嶠
　　詞。

西　樓

　　即相見歡。《歷代詩餘》卷三
　　相見歡調註云："西樓，取南
　　唐後主詞中字名調也。"

西樓子　譜三　律二

　　即相見歡。宋蔡伸詞名西樓
　　子，見《友古詞》。

西樓月　譜一

　　(一)即春曉曲。《欽定詞譜》
　　卷一云："朱敦儒詞名西樓
　　月。"

　　(二)即阿那曲。宋朱淑真詞
　　名西樓月，見《古今詞話·詞
　　辨》卷上。

西樓夢

　　調見清吳綺《藝香詞》。

西興樂

　　即中興樂。清陸進詞名西興
　　樂，見《悼亡詞》。

百尺樓　譜五　律三

　　即卜算子。宋秦湛詞名百尺

樓，見《唐宋諸賢絕妙詞選》
卷四。

百字令　譜二十八　律十六

　　即念奴嬌。宋韓淲詞名百字
　　令，見《澗泉詩餘》。

百字折桂令　譜十

　　即折桂令。元白賁詞雙調一
　　百字體名百字折桂令，見《欽
　　定詞譜》卷十。

百字歌

　　即念奴嬌。宋無名氏詞名百
　　字歌，見《翰墨大全》丁集卷
　　二。

百字謠　譜二十九

　　即念奴嬌。宋方岳詞名百字
　　謠，見《秋崖詞》。

百花時

　　調見清程庭《若庵詩餘》。

百宜嬌　譜三十二　律十八

　　(一)調見宋呂渭老《聖求
　　詞》。

　　(二)即眉嫵。宋姜夔眉嫵詞
　　註："一名百宜嬌。"見《白石
　　道人歌曲》卷四。

百衲錦

即樂府合歡曲。元王惲詞名
百衲錦,見《秋澗樂府》樂府
合歡曲註。

百媚娘　譜十七　律十一

調見宋張先《張子野詞》卷
一。

百葉桃

清毛先舒自度曲,見《填詞名
解》卷四。

百歲令

即念奴嬌。宋朱渙詞名百歲
令,見《截江網》卷四。

百歲篇

調見《敦煌歌辭總編》卷五唐
無名氏詞。

百寶妝　譜二十七

(一)即新雁過妝樓。宋無名
氏詞名百寶妝,見《高麗史·
樂志》。

(二)此調有平韻、仄韻兩體。
平韻體、仄韻體均見金長筌子
《洞淵集》卷五。

有有令　譜十七　律十二

調見宋趙長卿《惜香樂府》卷
六。

成功了

即繡停鍼。金長筌子詞名成
功了,見《洞淵集》卷五。

早春怨　譜七　律五

即柳梢春。元張雨詞名早春
怨,見《貞居詞》。

早梅芳　譜六

(一)即喜遷鶯。《欽定詞譜》
卷六云:"李德載詞名早梅
芳。"

　　　　　　譜十九　律十二

(二)又名:早梅芳近。
調見宋周邦彥《片玉集》卷
十。

(三)即早梅芳慢。宋柳永詞
名早梅芳,見《樂章集》卷上。

早梅芳近

(一)即喜遷鶯。宋李德載詞
名早梅芳近,見《永樂大典》
卷二千八百零八。

(二)即早梅芳。宋周邦彥詞
名早梅芳近,見《片玉詞》卷
上。

早梅芳慢　譜三十三　律拾五

又名:早梅芳。

調見《欽定詞譜》卷三十三引
《花草粹編》宋柳永詞。

早梅香　譜二十五　律補

調見《梅苑》卷四宋無名氏
詞。

曳脚望江南

卽憶江南。清袁九詞名曳脚
望江南,見《詞則》卷六。

同心結

調見《繡谷春容·劉熙寰覓
蓮記》明無名氏詞。

同心樂

清陸進新犯曲,見《付雪詞》。

同心蘭

清萬樹新翻曲,見《香膽詞
選》。

同命鴛鴦

近人吳藕汀自度曲,見《畫牛
閣詞集》。

曲入冥　譜十　律一

卽浪淘沙令。宋賀鑄詞名曲
入冥,見《花草粹編》卷五。

曲玉管　譜三十三　律十八

唐教坊曲名。
調見宋柳永《樂章集》卷上。

曲江花

卽憶秦娥。宋秦觀詞名曲江
花,見《少遊詩餘》。

曲江秋　譜二十九　律十七

調見宋楊無咎《逃禪詞》。

曲遊春　譜三十一　律十七

調見《絕妙好詞》卷四宋施岳
詞。

回心院　律拾一

此調有平韻、仄韻兩體。
平韻體、仄韻體均見《本事
詞》遼蕭觀音詞。

回波詞　律一

卽回波樂。唐楊廷玉詞名回
波詞,見《全唐詩》。

回波樂　譜一　律一

又名:回波詞。
唐教坊曲名。
此調有平韻、仄韻兩體。
平韻體見《全唐詩》唐李景伯
詞。
仄韻體見《全唐詩》唐無名氏
詞。
　按:"回"一作"迴"。

回　紇　譜三

調見《樂府詩集》卷八十唐無
名氏詞。

竹 枝 譜一 律一

又名:巴渝曲、巴渝辭。

此調有平韻、仄韻兩體。

平韻體、仄韻體均見《尊前
集》唐皇甫松詞。

竹枝子

唐教坊曲名。

調見《雲謠集雜曲子》唐無名
氏詞。

竹枝曲

調見《詩淵》宋陳允平詞。

竹枝宛轉詞

調見《詩淵》元袁桷詞。

竹枝詞

調見《詩淵》元袁桷詞。

竹枝歌

調見《詩淵》宋蘇軾詞。

竹香子 譜八 律六

調見宋劉過《龍洲詞》。

竹馬子 譜三十一 律十八

又名:竹馬兒。

調見宋柳永《樂章集》卷下。

竹馬兒 譜三十一 律十八

卽竹馬子。宋葉夢得詞名竹
馬兒,見《石林詞》。

仰屋嘆

近人吳藕汀自度曲,見《畫牛
閣詞集》。

自度曲

清王崇炳自製詞,見《學稼堂
詩餘》。

伊川令 譜九 律四

卽伊州令。宋范仲胤妻詞名
伊川令,見《彤管遺編後集》
卷十二。

伊州三臺 譜七 律一

又名:伊州三臺令。

調見宋趙師俠《坦庵詞》。

伊州三臺令

卽伊州三臺。宋楊韶父詞名
伊州三臺令,見《陽春白雪》
卷六。

伊州令 譜九

又名:伊川令。

調見《花草粹編》卷十二宋范
仲胤妻詞。

伊州曲

調見《歲時廣記》卷二十七宋

無名氏詞。此調依《全宋詞》
例列入。

伊州歌　譜四十

調見《全唐詩》唐無名氏詞。

向湖邊　譜三十三　律十八

調見《花草粹編》卷十一宋江
緯詞。

合宮歌

調見《宋會要輯稿》宋趙禎
詞。此調依《全宋詞》例列
入。

合　璧

清王晫新譜犯曲,見《峽流
詞》。

合　歡

清丁澎新翻曲,見《扶荔詞》。

合歡帶　譜三十三　律十八

調見宋柳永《樂章集》卷中。

行不得也哥哥

調見明邱濬詞,見《重編瓊台
集》卷六。

行香子　譜十四　律九

又名:黤心香、讀書引。
調見宋蘇軾《東坡詞》。

行香子慢　譜二十四

調見《高麗史·樂志》宋無名
氏詞。

行路難

即梅花引。宋賀鑄詞名行路
難,見《東山詞》卷上。

名園綠水

近人金天羽自度曲,見《紅鶴
山房詞》。

多　麗　譜二十七　律二十

即綠頭鴨。宋聶冠卿詞名多
麗,見《能改齋漫錄》卷十六。

安公子　譜十九　律十二

唐教坊曲名。
調見宋柳永《樂章集》卷下。

安公子近　譜十九

此調名見《欽定詞譜》卷十九
安公子調註。

安公子慢

參見安公子近條。

安平樂

即安平樂慢。宋曹勛詞名安
平樂,見《松隱樂府》卷一。

安平樂慢　譜三十二　律拾五

又名:安平樂。
調見《唐宋諸賢絕妙詞選》卷

七宋万俟詠詞。

安陽好　譜一

卽憶江南。宋王安中詞名安陽好，見《初寮詞》。

安慶摸　律十九

卽摸魚兒。宋張榘詞名安慶摸，見《芸窗詞》。

字字雙　譜一　律一

又名：宛轉曲。

調見《詞品》卷二宋王麗貞詞。

冰玉風月　譜二十五

卽醉蓬萊。宋韓淲詞名冰玉風月，見《澗泉詩餘》。

江天秋影

調見清吳鵠鴻《荃石居詞》。

江月令　譜八

卽西江月。明王行詞名江月令見《半軒詞》。

江月晃重山　譜十　律六

調見金元好問《遺山樂府》卷中。

江如練

卽蝶戀花。宋賀鑄詞名江如練，見《東山詞》卷上。

江南三臺

卽三臺。唐王建詞名江南三臺，見《尊前集》。

江南好　譜一　律一

卽憶江南。唐白居易詞名江南好，見《尊前集》。

譜二十四　律拾三

卽滿庭芳。宋吳文英詞名江南好，見《夢窗甲稿》。

江南曲

卽踏莎行。宋賀鑄詞名江南曲，見《賀方回詞》卷二。

江南弄

元周巽自度曲，見《性情集》卷六。

江南春　譜二　律一

(一)卽秋風清。宋寇準詞名江南春，見《花草粹編》引《溫公詩話》。

譜三十五　律拾五

(二)又名：江南春慢。

宋吳文英自度曲，見《夢窗甲稿》。

(三)此調有平韻、仄韻兩體。平韻體見唐劉禹錫《劉賓客文集》。

仄韻體見《古今詞話·詞話》卷上唐王建詞。

江南春慢　　譜三十五　律拾五

卽江南春。《欽定詞譜》作江南春慢。註云："吳文英自度曲註小石調。"

江南柳

卽憶江南,宋張先詞名江南柳,見《張子野詞》卷一。

江南秋

卽秋風清。清朱闢兒詞名江南秋,見《衆香詞》。

江南詞

卽浣溪沙。明鄭以偉詞名江南詞,見《盡山藏詩餘》。

江南煙雨

卽黑漆弩。元王惲詞名江南煙雨,見《秋澗先生樂府》卷三。

江南樹

調見清丁煒《紫雲詞》。

江南憶

卽憶江南。清金人望詞名江南憶,見《瓜廬詞》。

江城子　　譜二　律二

又名:水晶簾、江神子、江神子令、村意遠。

此調有平韻、仄韻兩體。

平韻體見《花間集》卷三五代韋莊詞。

仄韻體見宋黃庭堅《山谷詞》。

江城子慢　　譜三十五　律二

又名:江神子慢。

調見宋呂渭老《聖求詞》。

江城如畫

調見《東白堂詞選》清狄循原詞。

江城梅花引　　譜二十一　律二

又名:四笑江梅引、江梅引、西湖明月引、明月引、梅花引、攤破江城子。

此調有平韻、三聲叶韻兩體。

平韻體見宋丘崈《丘文定公詞》。

三聲叶韻體見《唐宋諸賢絕妙詞選》卷五宋王觀詞。

江亭怨　　譜六　律四

又名:荆州亭、清平樂令。

調見《詞綜》卷二十五宋吳城

小龍女詞。

江神子　譜二　律二

即江城子。宋晁補之詞名江神子，見《晁子琴趣外篇》卷一。

江神子令

即江城子。金劉志淵詞名江神子令，見《啟真集》卷中。

江神子慢　譜三十五

即江城子慢。金蔡松年詞名江神子慢，見《中州樂府》。

江梅引　律二

即江城梅花引。宋姜夔詞名江梅引，見《白石道人歌曲》卷三。

江樓令

調見宋吳則禮《北湖集》卷四。

如此江山　譜三十一　律十七

即齊天樂。宋張輯詞名如此江山，見《東澤綺語》。

如魚水　譜二十三　律十四

調見宋柳永《樂章集》卷下。

如意令　譜二

即如夢令。宋無名氏詞名如意令，見《翰墨大全》丁集卷三。

如夢令　譜二　律二

又名：不見、比梅、古記、如意令、玩華胥、宴桃源、無夢令、憶仙姿。

此調有平韻、仄韻兩體。

平韻體見宋吳文英《夢窗甲稿》。

仄韻體見宋蘇軾《東坡詞》。

好女兒　譜五　律四

又名：相思兒令、繡帶子、繡帶兒。

調見宋黃庭堅《山谷詞》。

譜五

又名：九回腸、月先圓、好女兒令、國門東、綺筵張、畫眉郎。

調見宋晏幾道《小山詞》。

好女兒令

即好女兒。宋歐陽修詞名好女兒令，見《醉翁琴趣外篇》卷四。

好心動　譜三十三

即花心動。《欽定詞譜》卷三十三云："曹勛詞名好心動。"

好花時

　　卽落花時。清納蘭性德詞名
　　好花時，見汪本《納蘭詞》。

好事近　　譜五　律四

　　又名：倚鞦韆、釣船笛、秦刷
　　子、翠圓枝。

　　調見宋張先《張子野詞》卷
　　一。

好時光　　譜五　律四

　　調見《尊前集》唐李隆基詞。

好鳥巢林

　　調見《歷代蜀詞全輯》清楊光
　　坰詞。

好精神

　　原調已佚。宋無名氏滿庭芳
　　集曲子詞，有“更好精神”句，
　　輯名。見《事林廣記》戊集卷
　　二。

好溪山

　　卽阮郎歸。宋張輯詞名好溪
　　山，見《東澤綺語》。

好離鄉

　　卽南鄉子。金丘處機詞名好
　　離鄉，見《蟠溪集》。

羽仙歌　　譜二十　律十二

　　卽洞仙歌。宋潘牥詞名羽仙
　　歌，見《吳中舊事》。

七　畫

弄月吟風

　　清沈彩自度曲，見《采香詞》。

弄花雨　　譜十三

　　卽冉冉雲。宋韓淲詞名弄花
　　雨，見《澗泉詩餘》。

弄珠英

　　卽驀山溪。宋賀鑄詞名弄珠

英，見《東山詞》卷上。

弄珠樓

　　清沈謙自度曲，見《東江別
　　集》。

赤棗子　　譜一　律一

　　唐教坊曲名。

　　調見《尊前集》五代歐陽炯

詞。

赤壁詞　譜二十八

卽念奴嬌。宋陸遊詞名赤壁詞，見《渭南文集》卷四十九。

赤壁謠

卽念奴嬌。《古今詞話·詞辨》卷下云："念奴嬌中有公瑾小喬事，名赤壁謠。"

孝順樂

調見《敦煌歌辭總編》卷三唐無名氏詞。

求因果

調見《敦煌歌辭總編》卷三唐無名氏詞。

扶醉怯春寒

清沈謙自度曲，見《東江別集》。

扶醉待郎歸

清丁澎自度曲，見《扶荔詞》。

杜　宇

清魏際瑞自製體，見《魏伯子文集》。

杜韋孃　譜三十五　律十九

唐教坊曲名。
調見宋杜安世《壽域詞》。

村意遠　譜二

卽江城子。《欽定詞譜》卷二云："韓淲詞名村意遠。"

杖前飛

調見《敦煌歌辭總編》卷三唐無名氏詞。

杏花天　譜十　律八

（一）又名：杏花風、於中好。調見宋朱敦儒《樵歌》卷中。
（二）卽念奴嬌。調見《翰墨大全》丁集卷二宋無名氏詞。

杏花天慢　譜三十二　律補

調見宋曹勛《松隱樂府》卷二。

杏花天影

調見宋姜夔《白石道人歌曲》卷三。

杏花風　譜七

（一）卽桃源憶故人。宋韓淲詞名杏花風，見《澗泉詩餘》。
　　　　　　　　譜十
（二）卽杏花天。《欽定詞譜》云："辛棄疾詞，名杏花風。"
（三）卽酒泉子。五代張泌詞名杏花風，見《記紅集》。

杏梁燕　譜三十四

　　卽解連環。宋張輯詞名杏梁
　　燕，見《東澤綺語》。

杏園芳　譜五　律四

　　調見《花間集》卷九五代尹鶚
　　詞。

折丹桂　譜八　律補

　　調見宋王之道《相山居士
　　詞》。

　　　　　　譜十二

　　卽步蟾宮。宋無名氏詞名折
　　丹桂，見《翰墨大全》丁集卷
　　三。

折月桂

　　卽步蟾宮。《歷代詩餘》卷二
　　十九步蟾宮調註："一名折月
　　桂。"

折花三臺

　　調見宋史浩《鄮峰真隱大曲》
　　卷二。

折花令　譜十　律補

　　調見《高麗史·樂志》宋無名
　　氏詞。

折紅英　譜十　律八

　　卽擷芳詞。宋程垓詞名折紅

英，見《書舟詞》。

折紅梅　譜三十四　律十四

　　此調有平韻、仄韻兩體。

　　平韻體見《梅苑》卷三宋無名
　　氏詞。

　　仄韻體見宋杜安世《壽域
　　詞》。

折桂令　譜十　律拾四

　　又名：天香引、秋風第一枝、百
　　字折桂令、蟾宮曲。

　　調見元倪瓚《雲林樂府》。

折新荷引　譜十九

　　卽新荷葉。宋趙抃詞名折新
　　荷引，見《樂府雅詞·拾遺》
　　卷上。

折楊柳　律一

　　卽楊柳枝。唐楊巨源詞名折
　　楊柳，見《全唐詩》。

更漏子　譜六　律四

　　（一）又名：付金釵、更漏長、
　　無漏子、獨倚樓、翻翠袖。

　　此調有平韻、平仄韻互叶兩
　　體。

　　平韻體見《尊前集》五代歐陽
　　烱詞。

平仄韻互叶體見《花間集》卷
一唐溫庭筠詞。

（二）又名：更漏子慢。
調見宋杜安世《壽域詞》。

更漏子慢

即更漏子。清呂傅元詞名更
漏子慢，見《詞綜補遺》。

更漏長

即更漏子。唐歐陽烱詞名更
漏長，見《敦煌歌辭總編》卷
二。

更漏促紅窗

清丁澎新譜犯曲，見《扶荔
詞》。

豆葉黃　譜二　律二

（一）即憶王孫。宋張元幹詞
名豆葉黃，見《蘆川詞》卷下。

（二）調見金王喆《重陽全真
集》卷五。

巫山一片雲　律四

（一）即菩薩蠻。《詞律》卷四
目錄註："菩薩蠻又名巫山一
片雲，與巫山一段雲無涉。"

（二）即巫山一段雲。明陳霆
詞名巫山一片雲，見《水南
詞》。

巫山一段雲　譜六　律四

又名：巫山一片雲、金鼎一溪
雲。

唐教坊曲名。

此調有平韻、平仄韻互叶兩
體。

平韻體見《花間集》卷五五代
毛文錫詞。

平仄韻互叶體見《全唐詩·
附詞》唐李曄詞。

巫山十二峰

即虞美人。宋姜夔詞名巫山
十二峰，見《白石道人歌曲別
集》。

巫山雪

調見清佩蘅子《吳江雪》。

夾竹桃花

調見宋曹勛《松隱樂府》卷
二。

夾湖竹枝詞

調見清茅麟《溯紅詞》。

步　月　譜二十五　律十四

此調有平韻、仄韻兩體。

平韻體見宋史達祖《梅溪

詞》。

仄韻體見《絕妙好詞》卷四宋施岳詞。

步步高

調見《鳴鶴餘音》卷七元無名氏詞。

步步嬌

調見《鳴鶴餘音》卷六元范真人詞。

步花間

卽訴衷情。宋賀鑄詞名步花間，見《東山詞》卷上。

步珊珊

明沈億年自度曲，見《支機集》卷二。

步虛子令　譜十二　律補

調見《高麗史·樂志》宋無名氏詞。

步虛詞　譜八　律六

（一）卽西江月。宋程珌詞名步虛詞，見《程端明公洺水集》卷二十四。

（二）卽桂殿秋。唐李德裕詞名步虛詞，見《彥周詩話》。

（三）卽金錯刀。《歷代詩餘》

卷二十六及《詞律拾遺》均註："亦名步虛詞。"

步虛聲　譜一

卽憶江南。《欽定詞譜》卷一云："蔡真人詞名步虛聲。"

步雲鞋

卽縱山月。金王丹桂詞名步雲鞋，見《草堂集》。

步蟾宮　譜十三　律八

又名：折丹桂、折月桂、釣臺詞。

調見宋黃庭堅《山谷詞》。

呈纖手

卽玉樓春。宋賀鑄詞名呈纖手，見《東山詞》卷上。

吹柳絮

卽瑞鷓鴣。宋賀鑄詞名吹柳絮，見《東山詞》卷上。

吳山青　譜二　律二

卽長相思。宋周密詞名吳山青，見《草窗詞》卷下。

吳門柳

卽漁家傲。宋賀鑄詞名吳門柳，見《賀方回詞》卷二。

吳音子

（一）卽擁鼻吟。宋賀鑄詞
註："又名吳音子。"見《賀方
回詞》卷一。
（二）調見《鳴鶴餘音》卷一元
無名氏詞。

別仙子

調見《敦煌歌辭總編》卷二唐
無名氏詞。

別　怨　譜十四　律九

調見宋趙長卿《惜香樂府》卷
六。

別素質　譜三十一

卽憶瑤姬。《欽定詞譜》卷三
十一云："仄韻者始自曹組，
一名別素質。"

別瑤姬慢　譜三十一

卽憶瑤姬。宋万俟詠詞名別
瑤姬慢，見《花草粹編》卷十
一。

別離難

調見明李漁《笠翁詩餘》。

牡丹枝上祝英臺

清沈謙新翻曲，見《東江別
集》。

何滿子　譜三　律二

卽河滿子。唐薛逢詞名何滿
子，見《碧雞漫志》卷四。

似娘兒　譜十四

卽攤破南鄉子。宋趙長卿詞
名似娘兒，見《惜香樂府》卷
五。

律四

《詞律》卷四促拍醜奴兒調
註："又名似娘兒。"

伴登臨

卽采桑子。宋賀鑄詞名伴登
臨，見《東山詞》卷上。

伴雲來

卽天香。宋賀鑄詞名伴雲來，
見《東山詞》卷上。

皂羅特髻　譜十九　律十二

又名：采菱拾翠。
調見宋蘇軾《東坡詞》。

角招　譜三十四　律十九

宋姜夔自度曲，見《白石道人
歌曲》卷五。

快活年

調見鄭元佐《新註斷腸詩集》
卷五宋無名氏殘句。

快活年近拍　譜十八　律拾二

調見《花草粹編》卷八宋万俟
詠詞。

灼灼花　　譜十六　　律二

卽連理枝。明楊慎詞名灼灼
花，見《填詞圖譜》卷三。

汪秀才

調見《宋史·五行志》宋無名
氏詞。

沙頭雨　　譜四　　律三

卽點絳唇。宋張輯詞名沙頭
雨，見《東澤綺語》。

沙塞子　　譜四　　律五

又名：沙磧子。

唐教坊曲名。

此調有平韻、仄韻兩體。

平韻體見宋朱敦儒《樵歌》卷
中。

仄韻體見宋趙彥端《介庵
詞》。

沙磧子　　譜四

卽沙塞子。《欽定詞譜》卷四
云："一名沙磧子。"

汨羅怨

調見近人呂碧城《曉珠詞》。

沁園春　　譜三十六　　律十九

又名：大聖樂、千春詞、念離
群、東仙、洞庭春色、壽星明。

調見宋蘇軾《東坡詞》。

初問口

調見明楊儀《南宮詩餘》。

君不悟

卽漁歌子。宋徐積詞名君不
悟，見《節孝先生文集》卷十
四。

君來路　　譜十

卽金錯刀。《欽定詞譜》卷十
云："葉李押仄韻詞名君來
路。"

君看取

卽漁歌子。宋徐積詞名君看
取，見《節孝先生文集》卷十
四。

尾　犯　　譜二十三　　律十四

又名：碧芙蓉。

調見宋柳永《樂章集》卷中。

忍辱仙人

卽漁家傲。金丘處機詞名忍
辱仙人，見《磻溪集》。

忍淚吟

卽采桑子。宋賀鑄詞名忍淚

吟,見《東山詞》卷上。

阮郎歸　譜六　律四

又名:好溪山、宴桃源、道成歸、碧桃春、碧雲春、醉桃源、憶桃源、濯纓曲、鶴沖天、攤破訴衷情、宴桃園。

此調有平韻、仄韻兩體。

平韻體見五代李煜《南唐二主詞》。

仄韻體見《林下詞選》卷三明端淑卿詞。

八　畫

奉禮歌

宋導引曲名。

調見《宋會要輯稿·樂》卷八宋無名氏詞。此調依《全宋詞》例列入。

玩丹砂

即浣溪沙。金馬鈺詞名玩丹砂,見《漸悟集》卷上。

玩秋燈

調見清陸進《付雪詞》。

玩華胥

即如夢令。金侯善淵詞名玩華胥,見《上清太玄集》卷九。

玩溪沙

即浣溪沙。金王吉昌詞名玩溪沙,見《會真集》卷三。

玩瑤臺

即要三臺。金長筌子詞名玩瑤臺,見《洞淵集》卷五。

武林春　譜七

即武陵春。宋無名氏詞名武林春,見《梅苑》卷七。

武陵春　譜七　律五

又名:武林春、花想容。

調見宋張先《張子野詞》卷一。

青山相送迎　譜二

即長相思。元王行詞名青山相送迎,見《欽定詞譜》卷二。

青山遠　譜五

卽綵鸞歸令。宋袁去華詞名
青山遠,見《袁宣卿詞》。

青山濕徧

卽青衫濕徧。清王錫振詞名
青山濕徧,見《龍壁山房詞》。

青玉案　譜十五　律十

又名:一年春、西湖路、青蓮池
上客、帶馬行、客中憶橫塘路、
謝師恩。

調見宋蘇軾《東坡詞》。

青玉碗

調見清紫珊居士詞,見《履園
叢話》卷二十一。

青年樂

卽清平樂。明劉淑詞名青年
樂,見《個山遺集》卷六。

青杏兒　譜十四

(一)卽攤破南鄉子。宋趙長
卿詞名青杏兒,見《惜香樂
府》卷八。

(二)卽促拍醜奴兒。《詞律》
卷四促拍醜奴兒調註:"又名
青杏兒。"

青房並蒂蓮　律拾五

調見《陽春白雪》卷四宋王沂

孫詞。

青門引　譜九　律七

又名:玉溪清。

調見《唐宋諸賢絕妙詞選》卷
五宋張先詞。

譜三十四

卽青門飲。宋黃裳詞名青門
引,見《演山先生文集》卷三
十一。

青門怨　律拾二

卽河傳。宋無名氏詞名青門
怨,見《陽春白雪》卷七。

青門飲　譜三十四　律拾五

又名:青門引、菱花怨。

調見《錄窗新話》卷上宋秦觀
詞。

青衫子

卽人月圓。明施紹華詞名青
衫子,見《秋水庵花影詞》。

青衫濕　譜七　律五

卽人月圓。金吳激詞名青衫
濕,見《中興以來絕妙詞選》
卷二。

青衫濕徧

又名:青山濕徧。

清納蘭性德自度曲,見《納蘭
詞》。

青苔思

清毛先舒自度曲,見《填詞名
解》卷四。

青梅引

調見《鳴鶴餘音》卷四元無名
氏詞。

青蓮池上客

卽青玉案。元丘處機詞名青
蓮池上客,見《磻溪集》。

長生樂　譜十七　律十一

調見宋晏殊《珠玉詞》。

長安月

調見明韓邦奇《苑洛詞》。

長安詞

調見《敦煌歌辭總編》卷三唐
無名氏詞。

長命女　譜三　律二

又名:長命女令、長命縷、薄命
女、薄命妾。
唐教坊曲名。
調見五代馮延巳《陽春集》。

長命女令

卽長命女。《歷代詩餘》卷三

薄命女調註云:“一名長命
女,或加令字。”

長命縷

卽長命女。五代馮延巳詞名
長命縷,見《能改齋漫錄》卷
十七。

長亭怨　譜二十五　律十五

卽長亭怨慢。宋張炎詞名長
亭怨,見《山中白雲》卷二。

長亭怨慢　譜二十五　律十五

又名:長亭怨。
宋姜夔自度曲,見《白石道人
歌曲》卷五。

長　春　譜十

卽引駕行。宋晁補之詞名長
春,見《晁氏琴趣外篇》卷五。

長相思　譜二　律二

又名:山漸青、吳山青、長相思
令、長思仙、長思令、青山相迎
送、相思令、琴調相思令、越山
青、葉落秋窗、憶多嬌、雙紅
豆。
唐教坊曲名。
調見《唐宋以來絕妙詞選》卷
一唐白居易詞。

長相思令　譜二

（一）卽長相思。五代李煜詞名長相思令，見《樂府雅詞》卷一。

（二）卽長相思慢。宋谭意歌詞名長相思令，見《青瑣高議別集》卷二。

長相思慢　譜三十一　律二

又名：長相思令、望揚州、雙紅豆慢。

調見宋周邦彥《片玉詞》卷下。

長思仙

卽長相思。金王喆詞名長思仙，見《重陽全真集》卷四。

長思令

卽長相思。明孫承忠詞名長思令，見《孫文忠公詞》。

長　歌

卽念奴嬌。清彭孫遹詞名長歌，見《延露詞》。

長楊碧

卽謁金門。清壽富詞名長楊碧，見《詞綜補遺》卷一。

長壽仙　譜二十八　律拾四

調見元趙孟頫《松雪齋文集》卷三。

長壽仙促拍

調見宋曹勛《松隱樂府·補遺》。

長壽樂　譜二十　律十二

調見宋柳永《樂章集》卷下。

長橋月　譜四

卽霜天曉角。《欽定詞譜》卷四云：“吳禮之有‘長橋月’句，名長橋月。”

芙蓉月　譜二十三　律拾二

宋趙以夫自度曲，見《虛齋樂府》。

芙蓉曲　譜七

卽朝中措。《欽定詞譜》卷七云：“韓淲詞名芙蓉曲。”

芙蓉夢

調見《柳州詞選》清施鑒詞。

芙蓉謠

調見明王道通《簡平子詩餘》。

芰荷香　譜二十六　律十五

調見《花草粹編》卷十宋万俟詠詞。

花上月令　譜十三　律九

　　宋吳文英自度曲,見《夢窗丁
　　稿》。

花月詞

　　卽秋風清。清朱中楣詞名花
　　月詞,見《隨草詩餘》。

花心動　譜三十三　律十八

　　又名:上昇花、好心動、花心動
　　慢、桂飄香、梅梢月。
　　調見宋周邦彥《片玉集抄
　　補》。

花心動慢　譜三十三

　　卽花心動。宋無名氏詞名花
　　心動慢,見《高麗史·樂志》。

花　犯　譜三十　律十七

　　又名:繡鸞鳳花犯。
　　調見宋周邦彥《片玉集》卷
　　七。

花犯念奴　律十四

　　卽水調歌頭。《詞律》卷十四
　　水調歌頭註云:"白石名花犯
　　念奴。"

花自落　譜五　律四

　　卽謁金門。宋張輯詞名花自
　　落,見《東澤綺語》。

花非花　譜一　律一

　　調見唐白居易《白氏長慶
　　集》。

花信風

　　調見《詞綜補遺》卷三十六清
　　王紹蘭詞。

花前飲　譜八

　　調見《古今詞話》宋無名氏
　　詞。

花神友

　　近人吳藕汀自度曲,見《畫牛
　　閣詞集》。

花酒令

　　調見《事林廣記》癸集宋無名
　　氏詞。

花深深　譜五

　　卽憶秦娥。《欽定詞譜》卷五
　　云:"宋孫道絢詞名花深深。"

花　裏

　　清丁澎自度曲,見《扶荔詞》。

花發狀元紅慢

　　譜三十一　律拾五

　　又名:素蛺蝶。
　　調見《花草粹編》卷十一宋劉
　　幾詞。

花發沁園春　譜三十三　律十九

又名：暮花天。

此調有平韻、仄韻兩體。

平韻體見《唐宋諸賢絕妙詞選》卷三宋王詵詞。

仄韻體見《中興以來絕妙詞選》卷十宋劉子寰詞。

花間意　譜五

卽菩薩蠻。宋韓淲詞名花間意，見《澗泉詩餘》。

花間訴衷情

卽訴衷情，元邵亨貞詞名花間訴衷情，見《蟻術詞選》卷二。

花間虞美人

卽虞美人。清陳維崧詞名花間虞美人，見《湖海樓詞集》。

花富貴

調見《雅州府志》卷十六明范文光詞。

花溪碧　譜五

卽菩薩蠻。宋韓淲詞名花溪碧，見《澗泉詩餘》。

花想容

卽武陵春。宋賀鑄詞名花想容，見《東山詞》卷上。

花幕暗

卽添聲楊柳枝。宋賀鑄詞名花幕暗，見《東山詞》卷上。

花嬌女

卽歸字謠。清黃德貞詞名花嬌女，見《閨秀詞鈔》。

花蝶犯

清姚燮新翻曲，見《疏影樓詞》。

芳心苦

卽踏莎行。宋賀鑄詞名芳心苦，見《東山詞》卷上。

芳洲泊

卽踏莎行。宋賀鑄詞名芳洲泊，見《賀方回詞》卷二。

芳　草　譜二十八　律十七

又名：鳳樓吟、鳳簫吟、鳳簫曲。

（一）調見《絕妙好詞》卷四宋奚淢詞。

（二）清李佳自度曲，見《左庵詩餘》。

芳草渡　譜十一　律八

此調有平韻、仄韻兩體。

平韻體見五代馮延巳《陽春

集》。

仄韻體見宋周邦彥《片玉詞》卷下。

　　　　譜十三

卽繫裙腰。《欽定詞譜》卷十三云："宋媛魏氏名芳草渡。"

芭蕉雨　譜十四　律九

（一）調見宋程垓《書舟詞》。

（二）調見清周稚廉《容居堂詞鈔》。

取性遊

調見《敦煌歌辭總編》卷三唐無名氏詞。

拔荊曲

調見清周樹《綺玉堂填詞》。

拔荊釵

清周之道自度曲，見《壁上詞》。

抛毬樂　譜二　律一

又名：莫思歸。

唐教坊曲名。

（一）調見《尊前集》唐劉禹錫詞。

（二）調見金馬鈺《漸悟集》。

拍闌干

調見明陳繼儒《陳眉公詩餘》。

林鍾商小品

調見《曲律》卷四引《樂府渾成》宋無名氏詞。此調依《全宋詞》例列入。

枕屏子

卽枕屏兒。元無名氏詞名枕屏子，見《鳴鶴餘音》卷五。

枕屏兒　譜十七　律拾二

又名：枕屏子。

調見《梅苑》卷七宋無名氏詞。

枕屏風

卽小重山。《歷代詩餘》卷三十五小重山調註："一名枕屏風。"

杵聲齊

卽搗練子。宋賀鑄詞名杵聲齊，見《東山詞》卷上。

松江哨遍

卽哨遍。宋劉學箕詞名松江哨遍，見《方是閒居士小稿》。

松風夢

清汪晫自度曲，見《峽流詞》。

松風慢

卽風入松。元趙汸詞名松風
慢,見《東山存稿》卷一。

松梢月　譜二十五　律拾四

宋曹勛自度曲,見《松隱樂
府》卷二。

松液凝空

金元好問自製曲。調已佚,見
《古今詞話·詞評》卷下引
《金源言行錄》。

拂霓裳　譜十九　律十二

唐教坊曲名。
調見宋晏殊《珠玉詞》。

東　仙　譜三十六

卽沁園春。宋張輯詞名東仙,
見《中興以來絕妙詞選》卷
九。

東吳樂

卽尉遲杯。宋賀鑄詞名東吳
樂,見《東山詞》卷上。

東坡引　譜七　律七

調見宋辛棄疾《稼軒長短句》
卷十二。

東風吹酒面　譜五

卽謁金門。宋韓淲詞名東風

吹酒面,見《澗泉詩餘》。

東風第一枝　譜二十八　律十六

又名:瓊林第一枝。
調見宋史達祖《梅溪詞》。

東風寒　譜七

卽眼兒媚。宋韓淲詞名東風
寒,見《澗泉詩餘》。

東風無力

清沈謙自度曲,見《東江別
集》。

東風齊着力　譜二十二　律十三

調見《草堂詩餘後集》卷上宋
胡浩然詞。

東湖月

調見清沈謙《東江別集》。

東陽嘆

卽清商怨。宋賀鑄詞名東陽
嘆,見《東山詞》卷上。

東鄰妙

卽玉樓春。宋賀鑄詞名東鄰
妙,見《東山詞》卷上。

兩同心　譜十六　律十

又名:仙源拾翠。
此調有平韻、仄韻、三聲叶三
體。

平韻體見宋晏幾道《小山詞》。

仄韻體見宋柳永《樂章集》卷上。

三聲叶體見宋杜安世《壽域詞》。

兩心知

即思帝鄉。五代韋莊詞名兩心知，見《記紅集》。

兩相思

清丁澎新譜犯曲，見《扶荔詞》。

兩隻雁兒

調見《鳴鶴餘音》卷六金馬鈺詞。

雨中花　律七

(一)調見宋晏殊《珠玉詞》。

(二)又名：明月棹孤舟、雨中花令。

《詞律》卷七雨中花調註："又名明月棹孤舟，或加令字。"

(三)即促拍滿路花。宋袁去華詞名雨中花，見《萱卿詞》。

雨中花令　譜九　律七

又名：送將歸、問歌顰。

此調有平韻、仄韻兩體。

平韻體見宋周紫芝《竹坡詞》。

仄韻體見宋張先《張子野詞·補遺》卷上。

雨中花慢　譜二十六　律七

(一)此調有平韻、仄韻兩體。

平韻體見宋蘇軾《東坡詞》。

仄韻體見宋黃庭堅《山谷詞》。

(二)即望雲間。元趙可詞名雨中花慢，見《中州樂府》。

雨花風柳

清佟國嶼自度曲，見《東白堂詞選》。

雨洗元宵　譜七

即柳梢青。宋韓淲詞名雨洗元宵，見《澗泉詩餘》。

雨霖鈴　譜三十一　律十八

又名：雨霖鈴慢。

唐教坊曲名。

此調有仄韻、三聲叶兩體。

仄韻體見宋柳永《樂章集》卷中。

三聲叶體見《陽春白雪》卷八

宋杜龍沙詞。

雨霖鈴慢 譜三十一

　　卽雨霖鈴。《欽定詞譜》卷三
　　十一云："一名雨霖鈴慢。"

卓牌子 譜十二　律八

　　又名:卓牌子令、卓牌子慢、卓
　　牌兒、卓牌兒慢。

　　《欽定詞譜》卷十二云："此調
　　有兩體,五十六字者始自楊無
　　咎,一名卓牌子令。九十七字
　　者始自万俟詠,一名卓牌子
　　慢。"

卓牌子令 譜十二

　　參見卓牌子條。

卓牌子近 譜十六　律拾二

　　調見宋袁去華《袁宣卿詞》。

卓牌子慢 譜十二　律八

　　卽卓牌子。宋楊無咎詞名卓
　　牌子慢,見《逃禪詞》。

卓牌兒 律八

　　卽卓牌子。宋万俟詠詞名卓
　　牌兒,見《唐宋諸賢絕妙詞
　　選》卷七。

卓牌兒慢

　　卽卓牌兒。《歷代詩餘》卷三

十四卓牌兒調註:"亦名卓牌
兒慢。"

昆明池 譜三十六

　　卽金明池。宋李彌遜詞名昆
　　明池,見《筠溪集》。

昇平樂 譜三十二　律拾五

　　(一)調見《花草粹編》卷十一
　　宋吳奕詞。

　　(二)調見明孫承忠《孫文忠
　　公詞》。

明月引 譜二十一　律二

　　卽江城梅花引。宋陳允平詞
　　名明月引,見《日湖漁唱》。

明月生南浦 譜十三　律九

　　卽蝶戀花。明張以寧詞名明
　　月生南浦,見《翠屏詞》。

明月穿窗

　　調見清李百川《綠野仙蹤》。

明月棹孤舟 譜十一　律七

　　卽夜行船。宋楊無咎詞名明
　　月棹孤舟,見《逃禪詞》。

明月斜 譜一

　　卽梧桐影。唐呂巖詞名明月
　　斜,見《填詞名解》卷一。

明月逐人來 譜十四　律四

又名：壽仙翁。

調見《能改齋漫錄》卷十六宋
李持正詞。

明月照高樓慢

調見《歲時廣記》卷三十一宋
万俟詠詞。

明妃怨

卽昭君怨。清田玉燕詞名明
妃怨，見《衆香詞》。

垂絲釣　譜十五

又名：垂絲釣近。

調見宋周邦彥《片玉集》卷
三。

垂絲釣近

卽垂絲釣。宋吳文英詞名垂
絲釣近，見《夢窗詞集》。

垂　楊　譜二十八　律十六

調見宋陳允平《日湖漁唱》。

垂楊碧　譜五　律四

卽謁金門。宋張輯詞名垂楊
碧，見《東澤綺語》。

刮鼓社

調見金王嚞《重陽全真集》卷
四。

佳人醉　譜十六　律十

調見宋柳永《樂章集》卷中。

佳色

卽疏影。清夏寶晉詞名佳色，
見《冬生草堂詞錄》。

侍香金童　譜十四　律九

調見《樂府雅詞·拾遺》卷
上。

凭闌人　譜一　律補

調見元邵亨貞《蟻術詞選》卷
二。

使牛子　譜八　律拾一

調見宋曹冠《燕喜詞》。

金人捧玉盤

卽金人捧露盤。清張瑛詞名
金人捧玉盤，見《衆香詞》。

金人捧露盤　譜十八　律十一

又名：上丹霄、上平西、上平
曲、上平南、上西平、上西平
曲、天寧樂、西平曲、金人捧玉
盤、凌歊、銅人捧露盤、銅人捧
露盤引、蘆花雪。

調見《陽春白雪》卷二宋高似
孫詞。

金井梧桐

調見清先著《勸影堂詞》。

金字經　譜二　律補
　又名:梅邊、閱金經。
　調見《太平樂府》元張可久
　詞。

金衣公子
　調見清徐旭旦《世經堂詞》。

金明池　譜三十六　律二十
　又名:金明春、昆明池、夏雲
　峰。
　調見《類編草堂詩餘》卷四宋
　秦觀詞。

金明春
　卽金明池。宋劉弇詞名金明
　春,見《龍雲先生樂府》。

金花葉
　調見金王喆《重陽全真集》卷
　十三。

金門賀聖朝
　清沈謙新翻曲,見《東江別
　集》。

金門歸去
　清丁澎新譜犯曲,見《扶荔
　詞》。

金風玉露相逢曲　譜十二
　卽鵲橋仙。宋韓淲詞名金風

玉露相逢曲,見《澗泉詩餘》。

金浮圖　譜二十四　律十四
　又名:玉浮圖。
　調見《尊前集》五代尹鶚詞。

金雀鬟
　調見《衆香詞》清吉珠詞。

金陵
　調見五代韓偓《金奩集》。

金菊香
　調見明楊儀《南宮詩餘》。

金菊對芙蓉　譜二十七　律十六
　又名:憶楚宮。
　調見《草堂詩餘》前集卷下宋
　康與之詞。

金童捧露盤
　卽玉女搖仙佩。元姬翼詞名
　金童捧露盤,見《知常先生雲
　山集》卷三。

金殿樂慢
　調見《高麗史·樂志》宋無名
　氏詞。

金落索
　調見鄭元佐《新註斷腸詩集》
　卷五宋無名氏殘句。

金盞子　譜三十三　律十七

（一）又名：金盞子慢。

調見宋史達祖《梅溪詞》。

（二）即金盞兒。金王吉昌詞名金盞子，見《會真集》卷五。

金盞子令　譜六　律補

調見《高麗史·樂志》宋無名氏詞。

金盞子慢

即金盞子。宋無名氏詞名金盞子慢，見《高麗史·樂志》。

金盞兒

又名：金盞子。

調見金劉志淵《啓真集》卷中。

金盞倒垂蓮　譜二十二　律十三

此調有平韻、仄韻兩體。

平韻體見宋晁端禮《閒齋琴趣外篇》卷一。

仄韻體見宋曹勛《松隱樂府》卷二。

金鼎一溪雲

即巫山一段雲。金王喆詞名金鼎一溪雲，見《重陽教化集》卷三。

金鳳鈎　譜十一　律八

調見宋晁補之《晁氏琴趣外篇》卷一。

金蓮出玉花

即減字木蘭花。金丘處機詞名金蓮出玉花，見《磻溪集》。

金蓮堂

調見金王喆《重陽教化集》卷一。

金蓮繞鳳樓　譜十一　律拾二

調見《花草粹編》卷五宋趙佶詞。

金樓子

詞調已佚。見《填詞名解》卷四。

金蕉葉　譜十四　律四

又名：定風波令。

調見宋柳永《樂章集》卷上。

金錢子

唐教坊曲名。

調見《古今合璧事類備要別集》卷三十八宋無名氏詞。

金錯刀　譜十　律拾二

又名：步虛詞、君來路、采茶歌、醉瑤瑟。

此調有平韻、仄韻、三聲叶三

體。

平韻體見五代馮延巳《陽春集·補遺》。

仄韻體見君來路調。

三聲叶體見五代馮延巳《陽春集·補遺》。

金環子

調見明王道通《簡平子詩餘》。

金縷曲　譜三十六　律二十

（一）即賀新郎。宋張榘詞名金縷曲，見《芸窗詞》。

（二）調見《詞林紀事》卷一唐杜秋娘詞。

金縷衣　律二十

即賀新郎。宋無名氏詞名金縷衣，見《翰墨大全》丁集卷六。

金縷詞　譜三十六

即賀新郎。宋無名氏詞名金縷詞，見《截江網》卷五。

金縷歌　譜三十六　律二十

即賀新郎。宋吳文英詞名金縷歌，見《中興以來絕妙詞選》卷十。

金雞叫

調見金王喆《重陽全真集》卷五。

金瓏璁

調見明楊儀《南宮詩餘》。

近東鄰

清魏際瑞自製曲，見《魏伯子文集》。

征部樂　譜三十四　律十八

調見宋柳永《樂章集》卷中。

念奴嬌　譜二十八　律十六

又名：千秋歲、大江西上曲、大江西去曲、大江東、大江東去、大江乘、大江詞、太平歡、古梅曲、白雪、白雪詞、百字令、百字謠、百字歌、百歲令、百歲篇、杏花天、赤壁詞、赤壁謠、長歌、乳燕飛、洞中仙、淮甸春、湘月、無俗念、壽南枝、酹月、酹江月、壺中天、壺中天慢、慶長春、賽天香、雙翠羽、續斷令、鬲指、畫中天。

此調有平韻、仄韻兩體。

平韻體見宋曹勛《松隱樂府·補遺》。

仄韻體見《全芳備祖》前集卷
十宋沈唐詞。

念良遊

卽滿江紅。宋賀鑄詞名念良
遊,見《東山詞》卷上。

念家山

唐教坊曲名。

調已佚。見《填詞名解》卷
四。

念家山破

《填詞名解》卷四云:"念家山
破,今失其調,南唐後主煜所
作。"

念彩雲

卽夜遊宮。宋賀鑄詞名念彩
雲,見《賀方回詞》卷二。

念離群

卽沁園春。宋賀鑄詞名念離
群,見《東山詞》卷上。

返魂香

清朱和義自度曲,見《新聲
譜》。

采白吟

清蔣敦復自度曲,見《新聲
譜》。

采桑

清沈謙自度曲,見《東江別
集》。

采桑子　譜五　律四

又名:伴登臨、忍淚吟、苗而
秀、添字采桑子、添字醜奴兒、
醉夢迷、醜奴兒、醜奴兒令、轉
調采桑枝、羅敷令、羅敷媚、羅
敷媚歌、羅敷歌、羅敷豔歌、添
字羅敷媚。

唐教坊曲名。

調見《花間集》卷六五代和疑
詞。

采桑子慢　譜二十二　律拾三

又名:愁春未醒、醜奴兒近、醜
奴兒慢、疊青錢。

調見宋吳文英《夢窗甲乙丙
丁稿·補遺》。

采明珠　譜二十五　律十四

調見宋杜安世《壽域詞》。

采茶春煮碧

卽采蓴秋煮碧。清朱和義詞
名采茶春煮碧,見《新聲譜》。

采茶歌

卽金錯刀。明楊儀詞名采茶

歌,見《南宮詩餘》。

采菱拾翠

卽皂羅特髻。《歷代詩餘》卷
五十皂羅特髻調註:"一名采
菱拾翠。"

采蓴秋煮碧

又名:采茶春煮碧。

清張鳴卓自度曲,見《新聲
譜》。

采　蓮

宋大曲名。

調見宋史浩《鄮峰真隱詞曲》
卷一。

采蓮子　　譜一　律一

唐教坊曲名。

調見《花間集》卷二唐皇甫松
詞。

采蓮令　　譜二十二　律十三

調見宋柳永《樂章集》卷中。

采蓮回

卽臨江仙。宋賀鑄詞名采蓮
回,見《全宋詞》本《東山詞》。

采蓮曲

調見《唐詩箋要後集·附詞》
唐李康成詞。

采蓮詞　　譜四

卽平湖樂。元楊果詞名采蓮
詞,見《太平樂府》卷三。

采綠吟　　譜二十八　律拾四

宋周密自度曲,見《蘋洲漁笛
譜》卷一。

受恩深　　譜二十一　律拾三

又名:愛恩深。

調見宋柳永《樂章集》卷上。

乳燕飛　　譜三十六　律二十

(一)卽賀新郎。宋黃機詞名
乳燕飛,見《竹齋詩餘》。

(二)卽念奴嬌。宋劉克莊詞
名乳燕飛,見《截江網》卷五。

迎仙客

調見宋史浩《鄮峰真隱詞曲》
卷一。

迎春樂　　譜九　律六

又名:迎春樂令、辟寒金、舞迎
春、辨弦聲、攀鞍態。

調見宋柳永《樂章集》卷中。

迎春樂令

卽迎春樂。宋無名氏詞名迎
春樂令,見《高麗史·樂志》。

迎新春　　譜三十二　律十八

調見宋柳永《樂章集》卷上。

夜半樂　譜三十八　律二十

唐教坊曲名。

調見宋柳永《樂章集》卷中。

夜合花　譜二十五　律十五

調見宋晁補之《晁氏琴趣外篇》卷二。

夜如年

卽搗練子。宋賀鑄詞名夜如年,見《東山詞》卷上。

夜行船　譜十一　律七

又名:雨中花、明月棹孤舟、夜懨懨。

調見宋歐陽修《歐陽文忠公近體樂府》卷三。

夜來花

卽玲瓏四犯。清王闓運詞名夜來花,見《湘綺樓詞》。

夜郎神

調見清徐旭旦《世經堂詞》。

夜飛鵲　譜三十四　律十九

又名:夜飛鵲慢。

調見宋周邦彥《片玉集》卷十。

夜飛鵲慢　譜三十四　律十九

卽夜飛鵲。宋盧祖皋詞名夜飛鵲慢,見《蒲江詞稿》。

夜度娘

調見《古今詞統》卷一宋寇準詞。

夜窗秋

調見清王翃《槐堂詞存》。

夜遊玉女

明潘炳孚新翻曲,見《珠塵詞》。

夜遊宮　譜十二　律八

又名:念彩雲、新念別、蕊珠宮。

調見宋毛滂《東堂詞》。

夜搗衣

卽搗練子。宋賀鑄詞名夜搗衣,見《東山詞》卷上。

夜懨懨

卽夜行船。宋張先詞名夜懨懨,見《張子野詞》卷一。

妾十九

卽章臺柳。清蒲松齡詞名妾十九,見《聊齋詞集》。

放心閒

調見金王吉昌《會真集》卷

三。

於中好　譜十　律七

（一）即端正好。宋楊無咎詞名於中好，見《逃禪詞》。

律八

（二）即鷓鴣天。《詞律》卷八鷓鴣天目次條註："又名於天好。"

（三）即杏花天。《填詞名解》卷一云："杏花天取李白詩，一名於中好。"

怕春歸

即謝池春。金蔡松年詞名怕春歸，見《蕭閒老人明秀集》卷二。

卷春空

即定風波。宋賀鑄詞名卷春空，見《東山詞》卷上。

卷珠簾　譜十三　律九

即蝶戀花。宋張元幹詞名卷珠簾，見《蘆川詞》。

並蒂芙蓉　譜二十六　律十五

調見宋晁端禮《閒齋琴趣外篇》卷六。

法曲琵琶教念奴

清丁澎新翻曲，見《扶荔詞》。

法曲第二　譜二十二　律拾二

即法曲獻仙音。宋柳永詞名法曲第二，見《樂章集》卷中。

法曲獻仙音　譜二十二　律十三

又名：法曲第二、越女鏡心、獻仙音。

（一）調見宋柳永《樂章集》卷中。

（二）調見元薩都剌《雁門集》。

法駕導引　譜二　律一

又名：法駕導引曲、導引曲。調見宋陳與義《無住詞》。

法駕導引曲

即法駕導引。明夏言詞名法駕導引曲，見《桂洲集》。

河上鵲橋仙

調見《東白堂詞選》清張臺柱詞。

河傳　譜十一　律六

又名：十二峰、月照梨花、青門怨、河轉、怨王孫、秋光滿目、紅杏枝、唐河傳、慶同天。

此調有仄韻、平仄韻互叶兩

體。

仄韻體見《花間集》卷四五代
張泌詞。

平仄韻互叶體見《花間集》卷
二唐溫庭筠詞。

河傳令

又名：超彼岸。

調見金王喆《重陽全真集》卷
十二。

河　轉

卽河傳。宋柳永詞名河轉，見
汲古閣本《樂章集》。

河滿子　譜三　律二

又名：何滿子、斷腸詞、鸚鵡
舌。

唐教坊曲名。

（一）調見《花間集》卷六五代
和凝詞。

（二）此調有平韻、仄韻兩體。
平韻體見《尊前集》五代尹鶚
詞。

仄韻體見宋毛滂《東堂詞》。

河瀆神　譜七　律五

唐教坊曲名。

此調有平韻、平仄韻互叶兩

體。

平韻體見《花間集》卷五五代
張泌詞。

平仄韻互叶體見《花間集》卷
一唐溫庭筠詞。

泛金船

卽勸金船。宋蘇軾詞名泛金
船，見《東坡樂府》卷一。

泛清波摘遍　譜三十四　律十八

調見宋晏幾道《小山詞》。

泛清苕　譜三十五　律拾五

又名：感皇恩慢、灑羅裙。

調見宋張先《張子野詞·補
遺》卷五。

泛龍舟

唐教坊曲名。

調見《敦煌歌辭總編》卷二唐
無名氏詞。

泛蘭舟　譜二十　律拾三

調見《梅苑》卷一宋無名氏
詞。

　　　　　譜十九

卽新荷葉。《欽定詞譜》卷十
九云：“趙抃詞名泛蘭舟，然
與仄韻泛蘭舟調迥別。”

泣西風

清金炬自度曲,見《新聲譜》。

定西番　譜二　律二

唐教坊曲名。

此調有平韻、平仄韻間叶兩體。

平韻體見《敦煌歌辭總編》卷二唐無名氏詞。

平仄韻間叶體見《花間集》卷一唐溫庭筠詞。

定風波　譜十四　律九

又名:卷春空、定風波令、定風波慢、定風流、破陣子、醉瓊枝、轉調定風波。

唐教坊曲名。

此調有平韻、平仄韻間叶兩體。

平韻體見宋蘇軾《東坡詞》卷下。

平仄韻間叶體見《尊前集》五代歐陽炯詞。

定風波令　譜六

(一)即相思引。宋周紫芝詞名定風波令,見《竹坡詞》。

譜十四

(二)即定風波。宋張先詞名定風波令,見《張子野詞·補遺》卷上。

(三)即金蕉葉。《歷代詩餘》卷十二金蕉葉調註:"一名定風波令。"

定風波慢　譜二十八

即定風波。宋無名氏詞名定風波慢,見《梅苑》卷二。

定風流　譜十四

即定風波。《欽定詞譜》卷十四云:"李珣詞名定風流。"

定乾坤

調見《敦煌歌辭總編》卷二唐無名氏詞。

定情曲

調見宋賀鑄《賀方回詞》卷一。

宜男草　譜十三　律拾二

調見宋范成大《石湖詞》。

空亭日暮

清沈謙新翻曲,見《東江別集》。

空相憶　譜五

即謁金門。五代韋莊詞名空相憶,見《古今詞話》。

空無主

調見《敦煌歌辭總編》卷三唐
無名氏詞。

宛溪柳

卽六么令。宋賀鑄詞名宛溪
柳,見《東山詞》卷上。

宛轉曲

卽字字雙。唐王建詞名宛轉
曲,見《古今詞話・詞辨》卷上。

宛轉歌

調見《唐詩箋要後集・附詞》
唐郎大家宋氏詞。

狀江南

調見《全唐詩》唐謝良輔詞。
此調依《全唐五代詞》例列
入。

姍姍來遲

清毛先舒自度曲,見《填詞名
解》卷四。

孟家蟬 律拾四

調見《陽春白雪》卷一宋潘汾
詞。

孤雁兒 譜十八 律十一

卽御街行。宋程垓詞名孤雁
兒,見《書舟詞》。

孤雁斜月

卽憶少年。明無名氏詞名孤
雁斜月,見《百琲明珠》卷四。

孤館深沉 譜八 律拾一

調見《花草粹編》卷四宋權無
染詞。

孤 鴻

卽卜算子。《歷代詩餘》卷十
卜算子調註:"一名孤鴻。"

孤 鷹

調見《鳴鶴餘音》卷三金馬鈺
詞。

孤 鸞 譜二十六 律十五

又名:丹鳳吟。
調見宋朱敦儒《樵歌補遺》。

阿那曲 律一

又名:雞叫子。
調見《全唐詩》唐楊玉環詞。

阿曹婆辭

調見《敦煌歌辭總編》卷七唐
無名氏詞。

陂塘柳 譜三十六 律十九

卽摸魚兒。《欽定詞譜》卷三
十六云:"晁補之詞又名陂塘
柳。"

九　畫

春日吟
　　調見《歷代蜀詞全輯》清岳照
　詞。

春水令
　　清陸棻自度曲,見《雅坪詞
　選》。

春水寄雙魚
　　清沈謙自度曲,見《東白堂詞
　選》。

春去也　譜一　律一
　　(一)卽憶江南。唐劉禹錫詞
　名春去也,見《歷代詩餘》卷
　一百十二。
　　(二)調見《瑤華集》卷五清儲
　右文詞。

春光好　譜三　律二
　　又名:倚闌令、愁倚闌、愁倚闌
　令、鶴沖天。
　　唐教坊曲名。
　　(一)調見《花間集》卷六五代
　和凝詞。

譜六
　　(二)卽喜遷鶯。五代馮延巳
　詞名春光好,見《陽春集》。

春早湖山　譜五
　　卽謁金門。宋韓淲詞名春早
　湖山,見《澗泉詩餘》。

春江路
　　調見清王翃詞,見《瑤華集》
　卷二十一。

春雨打窗
　　卽酒泉子。五代張泌詞名春
　雨打窗,見《記紅集》。

春到也
　　調見清孔毓埏《蕉露詞》。

春衫淚
　　調見清徐釚《菊莊詞》。

春風嫋娜　譜三十六　律二十
　　宋馮偉壽自度曲,見《中興以
　來絕妙詞選》卷十。

春夏兩相期　譜二十八　律十六
　　調見宋蔣捷《竹山詞》。

春宵曲　譜一　律一

　　即南歌子。唐温庭筠詞名春
　　宵曲,見《選聲集》。

春草碧　譜十七　律十一

　　即番槍子。金李獻能詞名春
　　草碧,見《中州樂府》。

　　　　　譜二十六

　　又名:中管高。

　　調見《全芳備祖》後集卷十宋
　　万俟詠詞。

春從天上來　譜三十三

　　又名:春從天外來。

　　調見《中州樂府》金吳激詞。

春從天外來

　　即春從天上來。金王吉昌詞
　　名春從天外來,見《會真集》
　　卷四。

春雪間早梅　譜三十六　律拾六

　　調見《梅苑》卷四宋無名氏
　　詞。

春　晴

　　調見宋晁端禮《閒齋琴趣外
　　篇》卷三。

春　遊

　　即探芳信。清王闓運詞名春

遊,見《湘綺樓詞》。

春雲怨　譜三十二　律十八

　　調見《中興以來絕妙詞選》卷
　　十宋馮偉壽詞。

春曉曲　譜一　律一

　　又名:西樓月。

　　(一)調見宋朱敦儒《樵歌》卷
　　下。

　　(二)即玉樓春。五代李煜詞
　　名春曉曲,見《全唐詩·附
　　詞》。

春樓月

　　調見《梅里詞輯》卷五清顧仲
　　清詞。

春聲碎　譜十八　律拾二

　　宋譚宣子自度曲,見《陽春白
　　雪》。

春歸怨　律拾五

　　調見《陽春白雪》卷五宋周端
　　臣詞。

春鶯囀

　　調見《全唐詩》唐張祜詞。此
　　調依《全唐五代詞》例列入。

春　霽　譜三十四　律十八

　　即秋霽。宋胡浩然詞名春霽,

見《草堂詩餘》後集卷上。

珍珠令　譜十　律拾一

調見宋張炎《山中白雲》卷
八。

珍珠衫

卽真珠簾。清陸進詞名珍珠
衫,見《付雪詞》。

珍珠簾　律十五

卽真珠簾。宋吳文英詞名珍
珠簾,見《夢窗丙稿》。

珍珠髻

《詞律拾遺》卷五真珠髻調
註:"真或作珍。"

玲瓏四犯　譜二十七　律十五

又名:四犯玲瓏。

(一)調見宋周邦彥《片玉集》
卷二。

(二)調見宋姜夔《白石道人
歌曲》卷四。

玲瓏玉

調見《鳳林書院草堂詩餘》卷
中宋姚雲文詞。

苗而秀

卽采桑子。宋賀鑄詞名苗而
秀,見《東山詞》卷上。

英臺近

卽祝英臺近。宋周密詞名英
臺近,見《蘋洲漁笛譜》卷二。

茅山逢故人　譜七　律補

又名;山外雲。

元張雨自製曲,見《貞居詞》。

胡渭州

唐教坊曲名。

調見《全唐詩》唐張祜詞。此
調依《全唐五代詞》例列入。

胡搗練　譜七

又名:望仙樓、胡搗練令。

(一)調見宋晏殊《珠玉詞》。

(二)卽桃源憶故人。《欽定
詞譜》卷七註:"桃源憶故人,
張先詞或名胡搗練。"

胡搗練令

卽胡搗練。宋韓維詞名胡搗
練令,見《南陽詞》。

耍三臺

又名:玩瑤臺。

調見金長筌子《洞淵集》卷
五。

耍鼓令

調見《詩淵》宋陳曄詞。

耍娥兒

調見金王喆《重陽全真集》卷
十一。

南山壽

卽綠頭鴨。明夏言詞名南山
壽,見《桂洲集》卷四。

南州春色　譜十九　律拾三

調見《花草粹編》卷十六宋王
十朋詞。

南阮令

調見清陸繼輅《清鄰詞》。

南柯子　譜一　律一

卽南歌子。宋田為詞名南柯
子,見《唐宋諸賢絕妙詞選》
卷五。

南唐浣溪沙　譜七

卽山花子。五代李璟詞名南
唐浣溪沙,見《歷代詩餘》卷
十八。

南徐好

卽憶江南。宋仲殊詞名南徐
好,見《嘉定鎮江志》。

南　浦　譜三十三　律十七

此調有平韻、仄韻兩體。
平韻體見《唐宋諸賢絕妙詞
選》卷八宋孔夷詞。
仄韻體見宋周邦彥《片玉
集·抄補》。

南浦月　譜四　律三

卽點絳唇。宋張輯詞名南浦
月,見《東澤綺語》。

南浦看花回

調見明潘炳孚《珠塵詞》。

南鄉一翦梅　譜十　律補

調見元虞集《道園樂府》。

南鄉子　譜一　律一

又名:仙鄉子、好離鄉、莫思
鄉、減字南鄉子、蕉葉怨、畫
舸、鷓鴣啼、撥燕巢。
唐教坊曲名。
此調有平韻、仄韻兩體。
平韻體見五代馮延巳《陽春
集》。
仄韻體見《花間集》卷六五代
歐陽烱詞。

南歌子　譜一　律一

又名:十愛詞、小貍奴、南柯
子、春宵曲、風蝶令、宴齊雲、
悟南柯、望秦川、碧空月、碧窗
夢、醉厭厭、斷腸聲。

唐教坊曲名。

此調有單調齊言、雜言兩體；雙調平韻、仄韻兩體。

單調齊言體見《雲溪友議》卷下唐裴誠詞。

雜言體見《花間集》卷一唐庭筠詞。

雙調平韻體見《花間集》卷五五代毛震熙詞。

仄韻體見《樂府雅詞·拾遺》卷下宋無名氏詞。

南樓令　譜十三　律九

卽唐多令。宋周密詞名南樓令，見《蘋洲漁笛譜》卷二。

南樓曲

清徐榗自度曲，見《梅里詞輯》。

拾菜孃　譜十二

卽瑞鷓鴣。金丘處機詞名拾菜孃，見《鳴鶴餘音》卷四。

拾翠羽　譜十六　律拾二

調見宋張孝祥《于湖先生長短句·拾遺》。

拾翠翹

調見清李百川《綠野仙蹤》。

柘枝令

調見宋史浩《鄮峰真隱大曲》卷一。

柘枝引　譜一　律拾一

唐教坊曲名。

調見《樂府詩集》卷五十六唐無名氏詞。

柘枝詞

調見《全唐詩》唐白居易詞。

此調依《全唐五代詞》例列入。

柘枝歌

調見《詩淵》宋梅堯臣詞。

柘枝舞

宋大曲名。

調見宋史浩《鄮峰真隱大曲》卷一。

柱殿秋

《古今詞話·詞辨》卷上搗練子註："別名柱殿秋。"柱恐桂字之刻误，存名待考。

相見歡　譜三　律二

又名：上小樓、上西樓、月上瓜洲、古烏夜啼、西樓、西樓子、秋夜月、烏夜啼、憶真妃、憶真孃。

唐教坊曲名。

調見五代馮延巳《陽春集》。

相府蓮

調見《全唐詩》唐無名氏詞。

此調依《詞名集解》例列入。

相思引 　譜六

又名：玉交枝、定風波令、琴調
相思引、鏡中人、攤破浣溪沙。

（一）調見宋袁去華《宣卿
詞》。

（二）調見《梅苑》卷六宋無名
氏詞。

相思令 　譜二

卽長相思。宋張先詞名相思
令，見《張子野詞》卷一。

譜六

卽相思兒令。宋晏殊詞名相
思令，見《花草粹編》卷四。

相思兒令 　譜六 　律四

又名：相思令。

（一）調見宋晏殊《珠玉詞》。

（二）卽好女兒。宋張先詞名
相思兒令，見《張子野詞》卷
一。

相思會 　譜十七 　律拾二

又名：千年調、平等會、思仙
會、神仙會。

調見《樂府雅詞》卷下宋曹組
詞。

柳色新 　譜十三

卽小重山。宋韓淲詞名柳色
新，見《澗泉詩餘》。

柳色黃 　譜三十 　律十七

卽石州慢。宋賀鑄詞名柳色
黃，見《花草粹編》卷十。

柳含金

卽柳含煙。《歷代詩餘》卷十
一柳含煙調註：“一名柳含
金。”

柳含煙 　譜五 　律四

又名：柳含金。

調見五代毛文錫詞，見《花間
集》卷五。

柳初新 　譜十九 　律十二

調見宋柳永《樂章集》卷上。

柳　枝 　律一

（一）卽楊柳枝。《詞律》卷一
楊柳枝調註：“卽柳枝。”

（二）卽添聲楊柳枝。明李漁

詞名柳枝,見《笠翁詩餘》。

柳枝詞

調見《全唐詩》唐何希堯詞。

此調依《全唐五代詞》例列入。

柳長春　譜十三　律八

卽踏莎行。宋趙長卿詞名柳長春,見《惜香樂府》卷九。

柳青娘

唐教坊曲名。

調見《雲謠集雜曲子》唐無名氏詞。

柳垂金

卽柳搖金。宋仲殊詞名柳垂金,見《詩淵》。

柳梢青　譜七　律五

又名:玉水明沙、早春怨、雨洗元宵、雲淡秋空、隴頭月。

此調有平韻、仄韻兩體。

平韻體見《精選名賢草堂詩餘》卷上宋仲殊詞。

仄韻體見宋蔡伸《友古居士詞》。

柳搖金　譜十二　律拾二

又名:柳垂金。

(一)調見《花草粹編》卷六宋沈會宗詞。

(二)卽思歸樂。《歷代詩餘》卷三十四柳搖金調註:"亦名思歸樂。"

柳腰輕　譜十九　律十二

調見宋柳永《樂章集》卷上。

要銷凝

卽清商怨。宋賀鑄詞名要銷凝,見《東山詞》卷上。

威儀辭

調見《西山目祖山志》元原妙詞。

映山紅

唐教坊曲名。

調見宋文彥博《文潞公文集》卷七。

映山紅慢　譜二十九　律拾四

宋元絳自度曲,見《花草粹編》卷十一。

昭君怨　譜三　律二

又名:一痕沙、一葉舟、明妃怨、洛妃怨、宴西園、道無情、德報怨、添字昭君怨。

調見宋蘇軾《東坡詞》。

昭陽怨

即連理枝。唐李白詞名昭陽怨,見《記紅集》。

思牛女

即踏莎行。宋賀鑄詞名思牛女,見《東山詞》卷上。

思仙會

即相思會。金元好問詞名思仙會,見《遺上先生新樂府》卷五。

思佳客　譜二

即歸思謠。《欽定詞譜》卷二云:"趙彥端詞名思佳客。"

譜十一　律八

即鷓鴣天。宋歐陽修詞名思佳客,見《醉翁琴趣外篇》卷四。

思佳客令　律二

即歸自謠。宋趙彥端詞名思佳客令,見《介庵琴趣外篇》。

思帝鄉　譜二　律二

又名:兩心知、萬斯年曲。
唐教坊曲名。
調見《花間集》卷二唐溫庭筠詞。

思晴好

即憶江南。宋黃公紹詞名思晴好,見《在軒集》。

思越人　譜六

(一)即朝天子。五代馮延巳詞名思越人,見《陽春集》。

譜九　律六

(二)此調有平韻、平仄韻互叶兩體。
平韻體見《敦煌歌辭總編》卷二唐無名氏詞。
平仄韻互叶體見《花間集》卷八五代孫光憲詞。

譜十一

(三)即鷓鴣天。宋趙令時詞名思越人,見《樂府雅詞》卷中。

(四)即品令。宋趙長卿詞名思越人,見《惜香樂府》卷五。

思遠人　譜九　律六

調見宋晏幾道《小山詞》。

思歸樂　譜十二　律八

又名:二色宮桃、柳搖金、惜芳時、惜時芳。
調見宋柳永《樂章集》卷中。

虹窗迥

即紅窗迥。見《填詞名解》卷
二。

品　令　譜九　律五

又名：思越人、品字令、海月
謠。

此調有平韻、仄韻兩體。

平韻體見《碧雞漫志》卷一宋
李薦詞。

仄韻體見宋歐陽修《醉翁琴
趣外篇》卷三。

品字令

即品令。明王行詞名品字令，
見《半軒詞》。

拜星月　律十八

即拜星月慢。宋周邦彥詞名
拜星月，見《片玉集》卷九。

拜星月慢　譜三十三　律十八

又名：拜星月、拜新月、拜新月
慢。

調見宋周邦彥《清真集》卷
下。

拜新月　譜一　律補

唐教坊曲名。

（一）調見《樂府詩集》唐李端
詞。

（二）調見《雲謠集雜曲子》唐
無名氏詞。

譜三十三　律十八

（三）即拜星月慢。《欽定詞
譜》卷三十三註云："一作拜
新月。"

拜新月慢

即拜新月。宋吳文英詞名拜
新月慢，見《夢窗甲稿》。

看花回　譜十五　律十

此調有平韻、仄韻兩體。

平韻體見宋柳永《樂章集》卷
上。

仄韻體見宋黃庭堅《山谷
詞》。

看花忙

清毛先舒自度曲，見《填詞名
解》卷四。

看瑞香

即鷓鴣天。宋韓淲詞名看瑞
香，見《澗泉詩餘》。

香山會　律拾二

調見《花草粹編》卷七宋無名
氏詞。

秋千兒

調見鄭元佐《新註斷腸詩集》卷七宋無名氏殘句。

秋千索

卽端正好。清納蘭性德名秋千索,見《飲水詞》。

秋日田父辭

卽漁歌子。宋高燾詞名秋日田父辭,見《菊磵小集》。

秋　水

清納蘭性德自度曲,見《飲水詞》。

秋江碧

卽天仙子。唐皇甫松詞名秋江碧,見《記紅集》。

秋光滿目　譜十一

卽河傳。《欽定詞譜》卷十一云:"徐昌圖名秋光滿目。"

秋色橫空　譜七

卽燭影搖紅。《欽定詞譜》卷七云:"金元好問詞名秋色橫空。"

譜二十九　律拾四

又名:玉珥墜金環。

調見金元好問《遺山先生新樂府》卷二。

秋波媚　譜七　律五

卽眼兒媚。宋陸遊詞名秋波媚,見《渭南文集》卷四十九。

秋夜月　譜三　律三

卽相見歡。《欽定詞譜》卷三云:"南唐李煜詞名秋夜月。"

譜二十一　律十二

調見《尊前集》五代尹鶚詞。

秋夜別思

卽應天長。清陳玉璂詞名秋夜別思,見《學文堂詩餘》。

秋夜雨　譜九　律六

調見宋蔣捷《竹山詞》。

秋夜長

調見《敦煌歌辭總編》卷三唐無名氏詞。

秋　思

卽秋思耗。宋吳文英詞名秋思,見《夢窗詞集》。

秋思耗　譜三十六　律二十

又名:秋思、畫屏秋色。

調見宋吳文英《夢窗丙稿》。

秋風引　譜二

卽秋風清。《欽定詞譜》卷二云:"一名秋風引。"

秋風清　譜二

又名：江南春、江南秋、花月詞、秋風引、秋風辭、新安路。此調有平韻、仄韻兩體。

平韻體見《歷代詩餘》卷二唐李白詞。

仄韻體見《全唐詩》唐劉長卿詞。

秋風第一枝　譜十

卽折桂令。《欽定詞譜》卷十云："又名秋風第一枝。"

秋風嘆

卽越江吟。宋賀鑄詞名秋風嘆，見《東山詞》卷上。

秋風辭

卽秋風清。《歷代詩餘》卷二秋風清調註云："一名秋風辭。"

秋宵吟　譜二十七　律十六

宋姜夔自製曲，見《白石道人歌曲》卷六。

秋浦春

調見《瑤華集》卷二十一清程麟德詞。

秋深柳

調見清姚燮《疏影樓詞》。

秋滿瀟湘

調見《詞綜補遺》卷四清韋鍾炳詞。

秋蕊香　譜七　律五

又名：秋蕊香令。

（一）調見宋晏殊《珠玉詞》。

（二）調見宋曹勛《松隱樂府》卷二。

秋蕊香令

卽秋蕊香。宋黃鑄詞名秋蕊香令，見《陽春白雪》卷七。

秋蕊香引　譜十二　律拾二

調見宋柳永《樂章集》。

秋蘭香　譜二十四　律拾二

調見《全芳備祖》卷十二宋陳亮詞。

秋霽　譜三十四　律十八

又名：平湖秋月、春霽。

調見宋史達祖《梅溪詞》。

重頭菩薩蠻

卽菩薩蠻。清張八詞名重頭菩薩蠻，見《詞則》卷六。

重疊令

卽菩薩蠻。清趙維烈詞名重

疊令，見《蘭舫詞》。

重疊金　譜五　律四

　　卽菩薩蠻。宋趙善扛詞名重
　　疊金，見《中興以來絕妙詞
　　選》卷四。

保壽樂　譜二十三　律補

　　調見宋曹勛《松隱樂府》卷
　　一。

促叫鸝鴣

　　調見明潘炳孚《珠塵詞》。

促拍山花子

　　卽攤破南鄉子。《歷代詩餘》
　　卷四十一攤破南鄉子調註：
　　“亦名促拍山花子。”

促拍采桑子　譜八　律拾一

　　又名：促拍醜奴兒。
　　調見《歷代詩餘》卷二十二宋
　　朱敦儒詞。

促拍滿路花　譜二十　律十二

　　又名：一枝花、雨中花、喝馬一
　　枝花、滿路花、滿路花巖、滿園
　　花、歸去難。
　　此調有平韻、仄韻兩體。
　　平韻體見宋柳永《樂章集》卷
　　下。

仄韻體見宋秦觀《淮海詞》。

促拍醜奴兒　譜八

　　卽促拍采桑子。宋朱敦儒詞
　　名促拍醜奴兒，見《樵歌》卷
　　中。

　　　　　　　　　　律四
　　又名：似娘兒、青杏兒。
　　詳見各條。

皇帝感

　　唐教坊曲名。
　　調見《敦煌歌辭總編》卷三唐
　　無名氏詞。

俊娥兒

　　調見金王喆《重陽全真集》卷
　　四。

後庭花　譜五　律四

　　又名：玉樹後庭花、海棠花。
　　唐教坊曲名。
　　（一）調見《花間集》卷十五代
　　毛熙震詞。
　　（二）卽後庭花破子。元趙孟
　　頫詞名後庭花，見《松雪齋樂
　　府》。

後庭花破子　譜二　律補

　　又名：後庭花、後庭破子。

調見五代李煜《南唐二主詞》。

後庭破子

即後庭花破子。元王惲詞名後庭破子,見《秋澗先生樂府》卷四。

後庭宴　譜十三　律九

調見《全唐詩·附詞》五代無名氏詞。

後清江曲

即清江曲。宋蘇庠詞名後清江曲,見《後湖詞》。

風入松　譜十七　律十一

又名:松風慢、風入松慢、遠山橫、銷夏。

調見宋晏幾道《小山詞》。

風入松慢　譜十七

即風入松。《欽定詞譜》卷十七云:"又名風入松慢。"

風中柳　譜十五　律十

即謝池春。元劉因詞名風中柳,見《靜修先生文集》卷十五。

風中柳令　譜十五

即謝池春。宋無名氏詞名風中柳令,見《高麗史·樂志》。

風中葉

調見清王翃《槐堂詞存》。

風光子　譜二

即歸自謠。《欽定詞譜》卷二云:"一名風光子。"

風光好　譜三　律二

調見《玉壺清話》卷四宋陶穀詞。

風流子　譜二　律二

又名:內家嬌、神仙伴侶、驪山石。

(一)調見《花間集》卷八五代孫光憲詞。

(二)調見《樂府雅詞·拾遺》卷下宋張耒詞。

風流怨

清沈豐垣自度曲,見《蘭思詞》。

風馬令

又名:風馬兒。

調見金王喆《重陽全真集》卷十二。

風馬兒

(一)即風馬令。金王喆詞名

風馬兒,見《重陽分梨十化
集》卷上。

(二)清顧貞觀自度曲,見《彈
指詞》。

風雪慢

調見清陳祥裔《凝香集》。

風敲竹　譜三十六　律二十

即賀新郎。《欽定詞譜》卷三
十六云:"蘇軾有風敲竹句,
名風敲竹。"

風蝶令　譜一　律一

即南歌子。宋朱敦儒詞名風
蝶令,見《樵歌》卷下。

風瀑竹

即賀新郎。宋牟子才詞名風
瀑竹,見《翰墨大全》後集卷
十。

怨三三

調見宋賀鑄《賀方回詞》卷
三。

怨王孫

又名:怨春郎。

調見《草堂詩餘》前集卷上宋
無名氏詞。

譜二

即憶王孫。宋李清照詞名怨
王孫,見《漱玉詞》。

譜十一　律六

即河傳。五代韋莊詞名怨王
孫,見《全唐詩·附詞》。

怨回紇　譜三　律三

調見《尊前集》唐皇甫松詞。

怨回鶻

即離別難。詳見離別難條。

怨朱絃

明王世貞自度曲,見《弇州
集》。

怨東風　譜十四

即醉春風。宋趙鼎詞名怨東
風,見《欽定詞譜》。

怨春風　譜十二

(一)即一斛珠。宋張先詞名
怨春風,見《張子野詞》卷二。

(二)即醉春風。宋趙鼎詞名
怨春風,見《得全居士集》。

怨春郎

(一)調見宋歐陽修《醉翁琴
趣外篇》卷三。

(二)即怨王孫。宋王質詞名
怨春郎,見《雪山詞》。

怨春閨

調見《敦煌歌辭總編》卷二唐
無名氏詞。

怨桃花

清丁澎新譜犯曲,見《扶荔
詞》。

怨啼鵑 譜四

即浣溪沙。宋韓淲詞名怨啼
鵑,見《澗泉詩餘》。

急樂世

調見《全唐詩》唐白居易詞。
此調依《全唐五代詞》例列
入。

亭前柳 譜十二 律八

即廳前柳。宋朱雍詞名亭前
柳,見《梅詞》。

哀江南

清潘觀保自度曲,見《新聲
譜》。

度清霄

宋大曲名。
調見宋張繼先《虛靖真君
詞》。

度新聲

即踏莎行。宋賀鑄詞名度新

聲,見《賀方回詞》卷二。

帝臺春 譜二十五 律十五

唐教坊曲名。
又名:帝臺新。
調見《樂府雅詞·拾遺》卷下
宋李甲詞。

恨江南

調見鄭元佐《新註朱淑真集》
殘句。

恨來遲 譜十 律拾二

又名:下手遲、恨歡遲。
調見宋王灼《頤堂詞》。

恨來遲破

《填詞名解》卷四云:"南唐大
周後作,案此調今不傳。"

恨春遲 譜十三 律拾二

調見宋張先《張子野詞》卷一。

恨歡遲 譜十

即恨來遲。宋張燾詞名恨歡
遲,見《花草粹編》卷五。

客中憶

即青玉案。見《蓮子居詞話》
卷二。

美人香

清鄭景會自度曲,見《柳煙

詞》。

美人賣花

清陳祥裔新譜犯曲,見《凝香詞》。

美人臨江

清陳祥裔新譜犯曲,見《凝香詞》。

美人鬢

清沈謙新翻曲,見《東江別集》。

美少年

卽生查子。五代魏承班詞名美少年,見《填詞圖譜》卷一。

洞中天

卽鷓鴣天。金馬鈺詞名洞中天,見《洞玄金玉集》卷九。

洞中仙　譜二十

卽洞仙歌。《欽定詞譜》卷二十云:"《宋史·樂志》名洞中仙。"

洞天春　譜七　律五

調見宋歐陽修《六一詞》。

洞仙詞　譜二十

卽洞仙歌。元袁易詞名洞仙詞,見《靜春詞》。

洞仙歌　譜二十　律十二

又名:羽仙歌、洞中仙、洞仙詞、洞仙歌令、洞仙歌慢、洞玄歌。

(一)此調有仄韻、平仄韻間叶兩體。

仄韻體見宋蘇軾《東坡詞》。

平仄韻間叶體見《雲謠集雜曲子》唐無名氏詞。

(二)調見宋柳永《樂章集》卷中。

洞仙歌令　譜二十　律十二

卽洞仙歌。宋康與之詞名洞仙歌令,見《全芳備祖》前集卷十一。

洞仙歌慢

卽洞仙歌。宋柳永詞名洞仙歌慢,見《犬窩北宋詞矩》卷下。

洞玄歌

卽洞仙歌。金長筌子詞名洞玄歌,見《洞淵集》卷五。

洞庭春色

卽沁園春。宋陸游詞名洞庭春色,見《渭南文集》卷五十。

洞庭秋色

即沁園春。清陸進詞名洞庭秋色,見《付雪詞》。

洛妃怨　譜三

即昭君怨。宋朱敦儒詞名洛妃怨,見《樵歌》卷下。

洛陽春　譜五　律四

即一落索。宋歐陽修詞名洛陽春,見《歐陽文忠公近體樂府》卷三。

宣州竹

即虞美人。宋呂本中詞名宣州竹,見《永樂大典》卷二千八百十三。

宣清　譜三十六　律十三

調見宋柳永《樂章集》卷中。

宣靖三臺

又名:宣靜三臺。
調見《鳴鶴餘音》卷四金王喆詞。

宣靜三臺

即宣靖三臺。元牛真人詞名宣靜三臺,見《鳴鶴餘音》卷一。

室無妻

近人吳藕汀自度曲,見《畫牛閣詞集》。

突厥三臺

即三臺。唐盛小叢詞名突厥三臺,見《全唐詩》。此調依《詞品》例列入。

扁舟尋舊約　譜三十四　律十九

即飛雪滿群山。宋蔡伸詞名扁舟尋舊約,見《友古居士詞》。

眉峰碧　譜五　律四

即卜算子。宋無名氏詞名眉峰碧,見《玉照新志》卷二。

眉嫵　譜三十二　律十八

又名:百宜嬌。
調見宋姜夔《白石道人歌曲》卷四。

眉萼

即中興樂。清丁澎用仄韻名眉萼,見《扶荔詞》。

姹鶯嬌

即惜奴嬌。金王丹桂詞名姹鶯嬌,見《草堂集》。

負心期

即山花子。宋賀鑄詞名負心

期,見《東山詞》卷上。

陌上花 譜二十六 律十五

調見元張翥《蛻巖詞》卷下。

陌上郎

即生查子。宋賀鑄詞名陌上郎,見《東山詞》卷上。

降中央

調見金王吉昌《會昌集》卷五。

降仙臺

宋鼓吹曲名。

調見宋洪适《盤洲文集》卷十八。

紅杏枝

即河傳。五代張泌詞名紅杏枝,見《記紅集》。

紅杏洩春光

清陸烜自度曲,見《夢影詞》。

紅芍藥 譜二十二 律補

調見《鳴鶴餘音》卷四宋王通叟詞。

紅林擒近 譜十八 律十一

調見宋周邦彥《片玉集》卷六。

紅衫兒

原調已佚。宋無名氏驀山溪集曲名詞,有"紅衫兒歌"句,輯名。見《翰墨大全》丁集卷四。

紅 香

即暗香。清蔣敦復詞名紅香,見《芬陀利室詞》。

紅袖扶 律拾三

金王寂自度曲,見《拙軒詞》。

紅娘子 譜十六 律二

（一）即連理枝。宋程垓詞名紅娘子,見《書舟詞》。

（二）調見《敦煌歌辭總編》卷二唐無名氏詞。

紅梅已謝

即鵲橋仙。宋韓淲詞名紅梅已謝,見《澗泉集》卷十。

紅 情 譜二十五 律十五

即暗香。宋張炎詞名紅情,見《山中白雲》卷六。

紅窗月

即紅窗迥。清納蘭性德詞名紅窗月,見《飲水詞》。

紅窗怨 律拾二

調見宋王質《雪山詞》。

紅窗迥 譜十 律八

又名:紅窗月、虹窗迥、紅窗影、清心鏡。

(一)調見宋周邦彥《片玉集抄補》。

(二)調見《醉翁談錄》丙集卷二宋柳永詞。

紅窗睡 譜十 律七 律拾二

即紅窗聽。宋柳永詞名紅窗睡,見《樂章集》。

紅窗影 律八

即紅窗迥。《詞律》卷八紅窗迥調註云:"又名紅窗影。"

紅窗燈影

調見《歷代詩餘》卷四十九明王錫爵詞。

紅窗聽 譜十 律七

又名:紅窗睡。

調見宋晏殊《珠玉詞》。

紅 影

清顧貞觀自度曲,見《彈指詞》。

紅樓慢

調見宋吳則禮《北湖詩餘》。

紅羅襖 譜十 律七

唐教坊曲名。

調見宋周邦彥《片玉集》卷十。

紇那曲 譜一 律一

調見《尊前集》唐劉禹錫詞。

飛仙曲

即菩薩蠻。明盛於世詞名飛仙曲,見《休庵詞》。

飛來峰

清周稚廉自度曲,見《容居堂詞》。

飛雪滿堆山 譜三十四 律十九

即飛雪滿群山。宋張榘詞名飛雪滿堆山,見《芸窗詞》。

飛雪滿群山 譜三十四 律十九

又名:扁舟尋舊約、飛雪滿堆山。

調見宋蔡伸《友古詞》。

飛龍宴 譜二十七 律拾四

調見《花草粹編》卷十宋蘇小娘詞。

幽時近

調見明陳繼儒《陳眉公詩餘》。

十　　畫

秦刷子
調見宋陳東《陳少陽先生文集》卷五。

秦娥點絳唇
清柯炳新譜犯曲,見《瑤華集》卷二十一。

秦樓月　譜五　律四
(一)卽憶秦娥。宋毛滂詞名秦樓月,見《東堂詞》。
(二)卽鵲橋仙。明唐寅詞名秦樓月,見《六如居士集》。

珠沉淵
調見清李伯川《綠野仙蹤》。

珠簾十二
調見清邵錫榮《二峰詞》。

珠簾卷　譜六　律四
又名:聖無憂。
調見《歷代詩餘》卷十七宋歐陽修詞。

素蛺蝶
卽花發狀元紅慢。《歷代詩餘》卷七十八花發狀元紅慢調註:"一名素蛺蝶。"

馬家春慢　譜二十九　律拾四
調見《梅苑》卷四宋無名氏詞。

城頭月　譜八　律五
調見《花草粹編》卷四宋馬天驥詞。

城裏鐘
卽菩薩蠻。宋賀鑄詞名城裏鐘,見《東山詞》卷上。

荊州亭　譜六　律四
卽江亭怨。詳見江亭怨條。

荊溪詠
卽漁家傲。宋賀鑄詞名荊溪詠,見《東山詞》卷上。

茱萸香慢
卽紫萸香慢。清徐倬詞名茱萸香慢,見《水香詞》。

茶瓶兒　譜十二　律六
調見《冷齋夜話》卷三宋李元

脣詞。

茶瓶詞

調見《繡谷春容・相思記》明無名氏詞。

荔子丹　譜十　律十一

調見《高麗史・樂志》宋無名氏詞。

荔枝香　譜十八

又名:荔枝香近。

調見宋柳永《樂章集》卷中。

荔枝香近　譜十八　律十一

卽荔枝香。宋周邦彥詞名荔枝香近,見《片玉集》卷一。

荔枝紅

卽生查子。五代張泌詞名荔枝紅,見《記紅集》。

夏日燕黌堂　譜二十六　律十四

調見《樂府雅詞・拾遺》卷下宋無名氏詞。

夏日遲

清黃垍自度曲,見《露華亭詞》。

夏　州　譜十九　律十二

卽鬭百花。《欽定詞譜》卷十九云:"晁補之詞名一名夏

州。"

夏初臨　譜二十六　律十五

卽宴春臺。宋劉涇詞名夏初臨,見《草堂詩餘》前集卷下。

夏雲峰　譜二十二　律十三

調見宋柳永《樂章集》卷中。

譜三十六

卽金明池。宋仲殊詞名夏雲峰,見《唐宋諸賢絕妙詞選》卷九。

夏雲疊嶂

調見《歷代詩餘》卷九十七明王錫爵詞。

真珠髻　譜三十四　律拾五

又名:珍珠髻。

調見《梅苑》卷二宋無名氏詞。

真珠簾　譜二十九　律十五

又名:珍珠衫、珍珠簾。

調見宋陸遊《放翁詞》。

真歡樂

卽晝夜樂。金王喆詞名真歡樂,見《重陽分梨十化集》卷上。

挽綠繮

即添聲楊柳枝。清無名氏詞
名挽綠纏,見《秘戲圖考》。

桂花曲

即桂殿秋。唐李德裕詞名桂
花曲,見《苕溪漁隱叢話》。

桂枝香　譜二十九　律十六

又名:桂枝香慢、疏簾淡月。
調見宋王安石《臨川先生歌
曲》。

桂枝香慢

即桂枝香。宋無名氏詞名桂
枝香慢,見《高麗史·樂志》。

桂華明　譜八　律六

即四犯令。宋關註詞名桂華
明,見《墨莊漫錄》卷四。

桂殿秋　譜一　律一

又名:桂花曲、步虛詞。
調見《全唐詞·附詞》唐李白
詞。

桂飄香　譜三十三

即花心動。宋曹冠詞名桂飄
香,見《燕喜詞》。

桐花鳳

即蝶戀花。清劉世珍詞名桐
花鳳,見《閨秀詞鈔》。

桃花水　譜二　律二

即訴衷情。五代毛文錫詞名
桃花水,見《全唐詩·附詞》。

桃花曲　譜六

(一)即憶少年。元劉秉忠詞
名桃花曲,見《藏春樂府》。
(二)調見《全唐詩》唐顧況
詞。此調依《詞名集解》例列
入。

桃花行

調見《全唐詩》唐李嶠詞。此
調依《詞名集解》例列入。

桃花落　譜十二

即瑞鷓鴣。宋陳彭年詞名桃
花落,見《花草粹編》卷六。

桃　絲

清顧貞立自度曲,見《棲香閣
詞》。

桃園憶故人　譜七

即桃源憶故人。宋陸遊詞名
桃園憶故人,見《放翁詞》。

桃源行

即蝶戀花。宋賀鑄詞名桃源
行,見《東山詞》卷上。

桃源憶故人　譜七

又名:杏花風、胡搗練、桃園憶
故人、虞美人影、醉桃園、轉聲
虞美人。

調見宋歐陽修《六一詞》。

桃葉令

清姚燮自度曲,見《疏影樓
詞》。

索酒　譜三十三　律補

調見宋曹勛《松隱樂府》卷
二。

鬲指

卽念奴嬌。清俞星垣詞名鬲
指,見《清聞堂詞》。

鬲溪梅

卽鬲溪梅令。清陸繼輅詞名
鬲溪梅,見《詞選·附錄》。

鬲溪梅令

又名:高溪梅令、鬲溪梅。
宋姜夔自度曲,見《白石道人
歌曲》卷三。

破子清平樂

卽清平樂。宋王安中詞名破
子清平樂,見《初寮詞》。

破字令　譜八　律補

調見《高麗史·樂志》宋無名

氏詞。

破陣子　譜十四　律九

又名:十拍子、破隊子、齊破
陣、醉瓊枝。
唐教坊曲名。
調見宋晏殊《珠玉詞》。

破陣樂　譜三十七　律二十

唐教坊曲名。
調見宋柳永《樂章集》卷中。

破隊子

卽破陣子。明陳如綸詞名破
隊子,見《二餘詞》。

剔銀燈　譜十七　律十一

又名:剔銀燈引。
調見宋柳永《樂章集》卷下。

剔銀燈引　譜十七

卽剔銀燈。《欽定詞譜》卷十
七云:"名剔銀燈引。"

哨徧　譜三十九

又名:松江哨徧、稍遍。
調見宋蘇軾《東坡樂府》卷
上。

恩愛深

調見清董元愷《蒼悟詞》。

峭寒輕

調見宋曹勛《松隱樂府》卷
三。

缺月掛疏桐　譜五

即卜算子。金趙秉文詞名缺
月掛疏桐，見《中州樂府》。

特地新

調見金王喆《重陽全真集》卷
十二。

笑悼翁

即平湖樂。近人許白鳳詞名
笑悼翁，見《亭橋詞》。

倚西樓　譜十三　律拾二

調見《汴京勾異志》卷四宋無
名氏詞。

倚風嬌近　律拾二

調見宋周密《蘋洲漁笛譜》卷
二。

倚闌人　譜三十五　律補

又名：倚樓人。

宋曹勛自度曲，見《欽定詞
譜》引《松隱集》。

倚闌令　譜三

即春光好。《欽定詞譜》卷三
云："或名倚闌令。"

倚樓人

即倚闌人。宋曹勛詞名倚樓
人，見彊村本《松隱樂府》卷
二。

倚鞦韆

即好事近。宋張輯詞名倚鞦
韆，見《東澤綺語》。

倒犯　譜三十　律十七

又名：吉了犯。

調見宋周邦彥《片玉集》卷
七。

倒垂柳　譜十九　律十二

唐教坊曲名。

調見宋楊無咎《逃禪詞》。

倒菩薩蠻

即菩薩蠻。清魏際瑞詞名倒
菩薩蠻，見《魏伯子文集》。

倦尋芳　譜二十四　律十四

又名：倦尋芳慢。

調見《草堂詩餘》前集卷上宋
王雱詞。

倦尋芳慢

即倦尋芳。宋王雱詞名倦尋
芳慢，見《樂府雅詞·拾遺》
卷上。

烏啼月

卽烏夜啼。宋賀鑄詞名烏啼月,見《永樂大典》卷二千三百四十六。

烏夜啼　譜六　律五

又名:上西樓、烏啼月、聖無憂、錦堂月、錦堂春。

唐教坊曲名。

(一)調見五代李煜《南唐二主詞》。

(二)卽相見歡。五代李煜詞名烏夜啼,見《南唐二主詞》。

師師令　譜十七　律十一

調見宋張先《張子野詞》卷一。

留春令　譜八　律六

又名:玉花洞。

調見宋晏幾道《小山詞》。

留客住　譜二十六　律十四

唐教坊曲名。

調見宋柳永《樂章集》卷中。

留窮詞

卽西江月。清吳騏詞名留窮詞,見《吳日千先生集》。

祔陵歌

調見《宋史·樂志》宋無名氏詞。

高山流水　譜三十五　律十九

又名:錦瑟清商引。

宋吳文英自度曲,見《夢窗詞集》。

高平探芳新　譜二十三

宋吳文英自度高平調曲。《夢窗甲稿》作探芳新。參見探芳新條。

高冠軍

卽蘭陵王。《歷代詩餘》卷九十七蘭陵王調註:“亦作高冠軍。”

高唐夢

卽神女。清沈謙詞名高唐夢,見《東白堂詞選》。

高陽臺　譜二十八　律十

又名:慶春宮、慶春澤、慶春澤慢。

調見《陽春白雪》卷二宋王觀詞。

高陽憶舊遊

清丁澎新譜犯曲,見《扶荔詞》。

高溪梅令　譜七

即鬲溪梅令。宋李之儀詞名
高溪梅令,見《花草粹編》卷
四。

旅夢雨驚回

清楊光坰自度曲,見《歷代蜀
詞全輯》。

庭院深深　譜十

即臨江仙。宋李清照詞名庭
院深深,見《古今詞話‧詞
辨》卷上。

唐多令　譜十三　律九

又名:南樓令、箜篌曲、䭾多
令。

調見宋劉過《龍洲詞》。

唐河傳

即河傳。宋辛棄疾詞名唐河
傳,見《稼軒詞》丙集。

悟南柯

即南歌子。金王喆詞名悟南
柯,見《重陽分梨十化集》卷
下。

悟黃梁

即燕歸梁。金馬鈺詞名悟黃
梁,見《洞玄金玉集》卷七。

送入我門來　譜三十三　律十八

調見《草堂詩餘》後集卷上宋
胡浩然詞。

送征衣　譜三十六　律二十

唐教坊曲名。

(一)調見宋柳永《樂章集》卷
上。

(二)調見《敦煌歌辭總編》卷
二唐無名氏詞。

送將歸　譜九

即雨中花令。宋王觀詞名送
將歸,見《歷代詩餘》卷三十
四。

粉蝶兒　譜十六　律十

調見宋毛滂《東堂詞》。

粉蝶兒慢　譜二十六　律十

調見宋周邦彥《片玉集》卷
下。

迷仙引　譜二十　律十二

(一)調見宋柳永《樂章集》卷
中。

(二)調見《古今詞話》宋關泳
詞。

迷神引　譜二十五　律十六

調見宋柳永《樂章集》卷下。

益壽美金花

即減字木蘭花。金侯善淵詞
名益壽美金花，見《上清太玄
集》卷九。

烘春桃李　譜六

即喜遷鶯。《欽定詞譜》卷六
云："江漢詞一名烘春桃李。"

恣逍遙

即嫵人嬌。金丘處機詞名恣
逍遙，見《蟠溪集》。

浦湘曲

調見《曲阿詞綜》卷一宋蔡士
裕詞。

酒泉子　譜三　律三

又名：杏花風、春雨打窗、憶餘
杭。

唐教坊曲名。

此調有平韻、平仄韻間叶、三
聲互叶三體。

平韻體見《花間集》卷四五代
張泌詞。

平仄韻間叶體見《花間集》卷
一唐庭筠詞。

三聲互叶體見《花間集》卷四
五代牛嶠詞。

消息　譜三十二　律十八

即永遇樂。宋晁補之詞名消
息，見《晁氏琴趣外篇》卷一。

海天秋

調見《全清詞鈔》卷十三清黎
簡詞。

海天闊處　律十六

即水龍吟。《詞律》卷十六
云："又名海天闊處。"

海月謠

即品令。宋韓淲詞名海月謠，
見《澗泉詩餘》。

海棠月

即月上海棠。清納蘭性德詞
名海棠月，見《通志堂詞》。

海棠花　譜七

即海棠春。《欽定詞譜》卷七
云："馬莊父詞名海棠花。"

海棠春　譜七　律五

又名：海棠花、海棠春令、神清
秀。

（一）調見宋秦觀《淮海詞》。

（二）即後庭花。《歷代詩餘》
卷十後庭花調註："一名海棠
春。"

海棠春令　譜七

卽海棠春。宋史達祖詞名海
棠春令，見《梅溪詞》。

海棠嬌

卽臨江仙。五代和凝詞名海
棠嬌，見《記紅集》。

浣沙溪　律三

（一）卽浣溪沙。五代閬選詞
名浣沙溪，見《花間集》卷九。
（二）卽山花子。五代毛文錫
詞名浣沙溪，見《花間集》卷
五。

浣溪沙　譜四　律三

又名：小庭花、江南詞、玩丹
砂、玩溪沙、怨啼鵑、浣沙溪、
掩蕭齋、清和風、換追風、最多
宜、減字浣溪沙、楊柳陌、試香
羅、滿院春、踏花天、廣寒枝、
廣寒秋、慶雙椿、醉木犀、醉中
真、錦纏頭、霜菊黃、頻載酒。
唐教坊曲名。
此調有平韻、仄韻兩體。
平韻體見五代韓偓《香奩
詞》。
仄韻體見五代李煜《南唐二
主詞》。
　按："紗"古通"沙"。故調

名浣溪紗者不另立調名。浣
溪紗慢亦同。

浣溪沙慢　譜二十二　律三

調見宋周邦彥《片玉詞》。

浪打江城

清沈謙新翻曲，見《東江別
集》。

浪淘沙　譜一　律一

又名：浪濤沙。
唐教坊曲名。
調見《尊前集》唐白居易詞。
　　　譜十一　律一
又名：西入宴、曲入冥、浪淘沙
令、浪淘沙近、過龍門、過龍門
令、煉丹砂、增字浪淘沙、賣花
聲。
（一）此調有平韻、仄韻兩體。
平韻體見五代李煜《南唐二
主詞》。
仄韻體見宋杜安世《壽域
詞》。
（二）卽浪淘沙慢。宋柳永詞
名浪淘沙，見《樂章集》卷中。

浪淘沙令　譜十一

卽浪淘沙。宋柳永詞名浪淘
沙令，見《樂章集》卷中。

浪淘沙近

卽浪淘沙。宋宋祁詞名浪淘
沙令近,見《能改齋漫錄》卷
十七。

浪淘沙慢　譜三十七　律一

又名:浪淘沙、浪濤沙、浪濤沙
慢。

調見宋柳永《樂章集》。

浪濤沙

(一)卽浪淘沙。唐皇甫松詞
名浪濤沙,見《花間集》卷二。

(二)卽浪淘沙慢。宋周邦彥
詞名浪濤沙,見《片玉集》卷
二。

浪濤沙慢

卽浪淘沙慢。宋周邦彥詞名
浪濤沙慢,見《清真集外詞》。

家山好　譜十二　律拾二

調見《湘山野錄》卷中宋劉述
詞。

家山破

近人吳藕汀自度曲,見《畫牛
閣詞集》。

宴山亭　譜二十七　律十五

調見宋曾覿《海野詞》。

宴西園　譜三　律三

卽昭君怨。宋侯寘詞名宴西
園,見《孏窟詞》。

宴春臺　譜二十六　律十五

又名:夏初臨、宴春臺慢、燕臺
春。

調見《草堂詩餘》前集卷上宋
張先詞。

宴春臺慢

卽宴春臺。宋張先詞名宴春
臺慢,見《張子野詞》卷一。

宴桃源　譜二　律二

卽如夢令。宋晁補之詞名宴
桃源,見《晁氏琴趣外篇》卷
三。

譜六

卽阮郎歸。宋曹冠詞名宴桃
源,見《燕喜詞》。

宴桃園

卽阮郎歸。宋曹冠詞名宴桃
園,見《燕喜詞》。

宴清堂

調見鄭元佐《新註斷腸詩集》
宋無名氏殘句。

宴清都　譜三十　律十七

又名：四代好、宴滿都。

調見宋周邦彥《片玉集》卷五。

宴滿都

卽宴清都。清莊棫詞名宴滿都，見《中白詞》。

宴瑤池　譜九

（一）卽越江吟。宋賀鑄詞名宴瑤池，見《東山詞》卷上。

律拾四

（二）調見《陽春白雪》卷四宋奚㴑詞。

（三）卽八聲甘州。元白樸詞名宴瑤池，見《天籟集》卷下。

宴齋雲

卽南歌子。宋賀鑄詞名宴齋雲，見《東山詞》卷上。

宴瓊林　譜三十三　律拾五

唐教坊曲名。

調見宋黃裳《演山先生文集》卷三十一。

宮中三臺

卽三臺。唐王建詞名宮中三臺，見《尊前集》。

宮中調笑

卽古調笑。唐韋應物詞名宮中調笑，見《樂府詩集》。

宮怨春

調見《敦煌歌辭總編》卷二唐無名氏詞。

神　女

又名：高唐夢。

清沈謙新翻曲，見《東江別集》。

神仙伴侶

卽風流子。五代孫光憲詞名神仙伴侶，見《記紅集》。

神仙會

卽相思會。金長筌子詞名神仙會，見《洞淵集》卷五。

神光燦

卽聲聲慢。宋趙希蓬詞名神光燦，見《詩淵》。

神清秀

卽海棠春。金馬鈺詞名神清秀，見《洞玄金玉集》卷七。

祝英臺　律十一

（一）卽祝英臺近。宋曹勛詞名祝英臺，見《松隱樂府》卷三。

（二）調見金王喆《重陽全真集》卷五。

祝英臺令

即祝英臺近。宋辛棄疾詞名祝英臺令，見《稼軒詞》甲集。

祝英臺近　譜十八　律十一

又名：月底修簫譜、英臺近、祝英臺、祝英臺令、揉碎花箋、寒食詞、燕鶯語、寶釵分、憐薄命。

此調有平韻、仄韻兩體。

平韻體見宋陳允平《日湖漁唱》。

仄韻體見宋蘇軾《東坡詞》。

紗窗恨　譜四　律二

唐教坊曲名。

調見《花間集》卷五五代毛文錫詞。

十 一 畫

莫打鴨

調見《花草粹編》卷一宋梅堯臣詞。

莫思鄉

即南鄉子。金王喆詞名莫思鄉，見《重陽分梨十化集》卷下。

莫思歸　譜二

即拋毬樂。五代馮延巳詞名莫思歸，見《陽春集·補遺》。

荷華媚　譜十三　律九

調見宋蘇軾《東坡詞》。

荷葉曲

即荷葉杯。清陳沅詞名荷葉曲，見《詞綜補遺》卷二十一。

荷葉杯　譜一　律一

又名：月當樓、荷葉曲、畫簾垂。

唐教坊曲名。

調見《花間集》卷二唐溫庭筠詞。

荷葉鋪水面　譜十二　律拾二

調見《花草粹編》卷六宋康與之詞。

莊椿歲　譜三十　律十六

　　卽水龍吟。宋方味道詞名莊
　　椿歲,見《截江網》卷四。

教池回

　　調見宋史浩《鄮峰真隱詞曲》
　　卷一。

乾荷葉　譜二　律補

　　調見《歷代詩餘》卷二元劉秉
　　忠詞。

掛金索

　　金大曲名。
　　調見《鳴鶴餘音》卷六金馬鈺
　　詞。

掛金燈

　　調見金王喆《重陽全真集》卷
　　五。

掛松枝

　　調見清徐榎《西溪詞》。

掩蕭齋

　　卽浣溪沙。宋賀鑄詞名掩蕭
　　齋,見《東山詞》卷上。

排　歌

　　調見《湖州詞徵》卷二十八明
　　沈祠詞。

梧桐雨

卽聲聲慢。宋李清照詞名梧
桐雨,見《三百詞譜》卷四。

梧桐影　譜一　律一

　　又名:明月斜、落日斜。
　　調見《全唐詩·附詞》唐呂巖
　　詞。

梧桐樹

　　調見《玄宗直指萬法同歸》卷
　　五元牧常晁詞。

梧葉兒　譜一

　　調見元張雨《貞居詞》。

接賢賓　譜十三　律九

　　又名:集賢賓。
　　調見《花間集》卷五五代毛文
　　錫詞。

梅已謝

　　卽鵲橋仙。宋韓淲詞名梅已
　　謝,見《澗泉詩餘》。

梅子黃時雨

　　譜二十二　律十四
　　宋張炎自度曲,見《山中白
　　雲》卷二。

梅月圓　譜七

　　卽朝中措。宋韓淲詞名梅月
　　圓,見《澗泉詩餘》。

梅　仙

調見《東白堂詞選》清張惣
詞。

梅花三弄

（一）清丁澎新譜犯曲，見《扶
荔詞》。

（二）清陳祥裔新譜犯曲，見
《凝香詞》。

梅花引　譜十二　律八

又名：小梅花、行路難、將進
酒、貧也樂。

調見《唐宋諸賢絕妙詞選》卷
七宋万俟詠詞。

譜二十一

卽江城梅花引。宋周密詞名
梅花引，見《蘋洲漁笛譜》卷
二。

梅花令

卽霜天曉角。明高濂詞名梅
花令，見《芳芷樓詞》卷下。

梅花句　譜五

卽菩薩蠻。宋韓淲詞名梅花
句，見《澗泉詩餘》。

梅花曲　譜四十

宋大曲名。

調見《梅苑》卷三宋劉幾詞。

梅花瘦

卽偷聲木蘭花。清江閬詞名
梅花瘦，見《春蕪詞》。

梅花影

卽踏莎行。清張嘉昺詞名梅
花影，見《詞綜補遺》卷四十。

梅弄影　譜七　律拾一

調見宋岳窎《丘文定公詞》。

梅和柳　譜三

卽生查子。宋韓淲詞名梅和
柳，見《澗泉詩餘》。

梅香慢　譜二十九　律拾四

卽臘梅香。宋無名氏詞名梅
香慢，見《梅苑》卷三。

梅梢月

卽花心動。元楊弘道詞名梅
梢月，見《小亨集》卷五。

梅梢雪

卽一斛珠。清梁鼎芬詞名梅
梢雪，見《欸紅樓詞》。

梅溪渡

卽生查子。宋韓淲詞名梅溪
渡，見《澗泉詩餘》。

梅　影

清顧貞觀自度曲,見《彈指
詞》。

梅　邊

即金字經。元吳鎮詞名梅邊,
見《梅花道人詞》。

探花令

即探春令。清錢肇修詞名探
花令,見《檽園詩餘》。

探芳信　譜二十二　律十三

又名:玉人歌、西湖路、春遊、
探芳訊。
調見宋史達祖《梅溪詞》。

探芳訊

即探芳信。宋周密詞名探芳
訊,見《蘋洲漁笛譜集外詞》。

探芳新　律六

參見高平探芳新條。

探　春　譜三十二　律六

即探春慢。宋吳文英詞名探
春,見《歷代詩餘》卷五十四。

探春令　譜九　律六

又名:探花令、景龍燈。
調見《能改齋漫錄》卷十六宋
趙佶詞。

探春慢　譜三十二　律六

又名:探春。
調見宋姜夔《白石道人歌曲》
卷四。

掃市舞　譜十三

即掃地舞。宋潘閬詞名掃市
舞,見《夢溪筆談》卷二十五。

掃地花　律十四

即掃地遊。宋周邦彥詞名掃
地花,見《片玉集》卷一。

掃地遊　譜二十四　律十四

又名:掃地花、掃花遊。
調見宋周邦彥詞,見《欽定詞
譜》卷二十四引《清真詞》。

掃地舞　譜十三　律拾二

又名:玉碾薴、掃市舞。
唐教坊曲名。
調見《梅苑》卷八宋無名氏
詞。

掃花遊　譜三十四　律十四

即掃地遊。宋周邦彥詞名掃
花遊,見《片玉詞》。

軟翻鞋

又名:清心月。
調見金王處一《雲光集》卷
四。

連理枝　譜十六　律三

 又名:小桃紅、灼灼花、紅娘子、昭陽怨、連理一枝花。

 調見《尊前集》唐李白詞。

連理一枝花

 (一)卽連理枝。清許霜詞名連理一枝花,見《詞綜補遺》卷七十四。

 (二)清丁澎新譜犯曲,見《扶荔詞》。

連環扣

 調見清李百川《綠野仙蹤》。

曹高門

 原調已佚,見《老學庵筆記》卷七。

雪月交光　譜二十五

 卽醉蓬萊。宋劉一止詞名雪月交光,見《苕溪詞》。

雪月江山夜

 卽賀新郎。清張文虎詞名雪月江山夜,見《索笑詞》。

雪外天香

 清佟國璵自度曲,見《東白堂詞選》。

雪花飛　譜四　律三

 調見宋黃庭堅《山谷詞》。

雪夜漁舟　譜三十八

 調見宋張繼先《虛靖真君詞》。

雪明鳷鵲夜　譜二十三

 又名:雪明鳷鵲夜慢。

 調見《花草粹編》卷九宋趙佶詞。

雪明鳷鵲夜慢

 卽雪明鳷鵲夜。宋万俟詠詞名雪明鳷鵲夜慢,見《歲時廣記》卷十一。

雪梅香　譜二十三　律十四

 又名:雪梅春。

 調見宋柳永《樂章集》卷上。

雪梅春

 卽雪梅香。金王喆詞名雪梅香,見《重陽全真集》卷十一。

雪獅兒　譜二十一　律十三

 又名:獅兒詞。

 調見宋程垓《書舟詞》。

戚氏　譜三十九　律二十

 又名:西施、夢遊仙。

 調見宋柳永《樂章集》卷中。

戞金釵　譜十四

卽握金釵。宋無名氏詞名憂金釵,見《梅苑》卷七。

麥秀兩岐 譜十四 律九

唐教坊曲名。

調見《尊前集》五代和凝詞。

帶馬行

卽青玉案。金王喆詞名帶馬行,見《重陽全真集》卷十二。

帶湖新月

卽謁金門。宋韓淲詞名帶湖新月,見《澗泉詩餘》。

紫玉簫 譜二十七 律十五

調見宋晁補之《晁氏琴趣外篇》卷六。

紫萸香

卽紫萸香慢。元姚雲文詞名紫萸香慢,見《歷代詩餘》卷八十八。

紫萸香慢 譜三十六 律十九

又名:茱萸香慢、紫萸香。

元姚雲文自度曲,見《鳳林書院草堂詩餘》卷中。

紫蘭花慢

清陳翊自度曲,見《香雪樓詞》。

逍遥令

卽憶江南。元高道寬詞名逍遥令,見《圓明老人上乘修正三要》卷下。

逍遥樂 譜二十六 律十五

(一)調見宋黃庭堅《山谷詞》。

(二)調見《鳴鶴餘音》卷一元無名氏詞。

雀飛多

調見《全唐詩》唐張籍詞。此調依《全唐五代詞》例列入。

眼兒媚 譜七 律五

又名:小闌干、東風寒、秋波媚。

調見《樂府雅詞·拾遺》卷上宋宋齊愈詞。

野菴曲

宋大曲名。

調見宋沈瀛《竹齋詞》。

曼殊髮

調見《詞綜補遺》卷八十清廖名縉詞。

啄木兒

(一)調見《傅幹註坡詞》卷八

宋無名氏詞。

(二)金大曲名。

調見金王喆《重陽全真集》卷
四。

晚妝

清張臺柱自度曲,見《西陵詞
選》。

晚香

卽暗香。清夏寶晉詞名晚香,
見《冬生草堂詞錄》。

晚春時候

卽西江月。宋韓淲詞名晚春
時候,見《澗泉集》卷二十。

晚雲烘日 譜五

卽菩薩蠻。宋韓淲詞名晚雲
烘日,見《澗泉詩餘》。

晚雲高

卽添聲楊柳枝。宋賀鑄詞名
晚雲高,見《東山詞》卷上。

唱金縷

卽賀新郎。宋柴元彪詞名唱
金縷,見《柴氏四隱集》卷二。

國門東

卽好女兒。宋賀鑄詞名國門
東,見《東山詞》卷上。

國香 譜二十七

又名:國香慢。

調見宋曹勛《松隱樂府》卷
一。

國香慢 譜二十七 律十五

卽國香。宋周密詞名國香慢,
見《珊瑚網名畫題跋》卷六。

透碧霄 譜三十五 律十九

調見宋柳永《樂章集》卷下。

笛家 譜三十六 律二十

又名:笛家弄、笛家弄慢。

調見宋柳永《樂章集》。

笛家弄

卽笛家。宋王質詞名笛家弄,
見《永樂大典》八千六百二十
八。

笛家弄慢 譜三十六 律二十

卽笛家。《欽定詞譜》卷三十
六云:“一名笛家弄慢。”

第一花

卽鷓鴣天。宋賀鑄詞名第一
花,見《東山詞》卷上。

側犯 譜十八 律十一

調見宋周邦彥《片玉集》卷
四。

側金盞

原調已佚，見《老學庵筆記》卷七。

偶相逢

即訴衷情。宋賀鑄詞名偶相逢，見《東山詞》卷上。

偷聲木蘭花　譜八　律七

又名：梅花瘦。

調見宋張先《張子野詞》卷二。

偷聲瑞鷓鴣

調見清陳祥裔《凝香集》。

釣船笛　譜五　律四

即好事近。宋張輯詞名釣船笛，見《東澤綺語》。

釣船歸

即添聲楊柳枝。宋賀鑄詞名釣船歸，見《東山詞》卷上。

釣臺詞　譜十三

即步蟾宮。宋韓淲詞名釣臺詞，見《澗泉詩餘》。

釵頭鳳　譜十　律八

（一）即擷芳詞。宋陸遊詞名釵頭鳳，見《放翁詞》。

（二）調見元張可久《小山樂府》卷中。

得道陽

即瑞鷓鴣。金王喆詞名得道陽，見《重陽全真集》卷八。

得寶子

調已失傳，見《填詞名解》卷四。

御帶花　譜二十八　律十六

又名：御戴花。

調見宋歐陽修《六一詞》。

御帶垂金縷

清丁澎新譜犯曲，見《扶荔詞》。

御街行　譜十八　律十一

又名：孤雁兒、御街行。

調見宋柳永《樂章集》卷中。

御戴花

即御帶花。宋歐陽修詞名御戴花，見《醉翁琴趣外篇》卷一。

貧也樂　譜十二　律八

即梅花引。金高憲詞名貧也樂，見《中州樂府》。

彩雲歸　譜二十九　律十六

調見宋柳永《樂章集》卷中。

彩鳳飛　譜十九　律十二

又名:彩鳳舞。

調見宋陳亮《龍川詞》。

彩鳳舞　譜十九

即彩鳳飛。汲古閣本《龍川詞》彩鳳飛調註:"一作彩鳳舞。"

彩鸞歸

原調已佚,見金蔡松年《明秀集》卷六存目。

脱銀袍

調見宋晁端禮《閒齋琴趣外篇》卷五。

魚水同歡　譜十三　律九

即蝶戀花。宋無名氏詞名魚水同歡,見《翰墨大全》丁集卷四。

魚遊春水　譜二十一　律十三

調見《樂府雅詞・拾遺》卷上宋無名氏詞。

魚歌子

即漁歌子。唐無名氏詞名魚歌子,見《雲謠集雜曲子》。

兜上鞋兒

調見《古今詞統》卷六宋鄭雲娘詞。

祭天神　譜二十一　律十二

調見宋柳永《樂章集》卷中。

郭郎兒

即郭郎兒近拍。宋柳永詞名郭郎兒,見《歷代詩餘》卷四十七。

郭郎兒近

即郭郎兒近拍。宋柳永詞名郭郎兒近,見《樂章集》卷下。

郭郎兒近拍　譜十七　律十一

又名:郭郎兒、郭郎兒近。

調見宋柳永《樂章集》。

郭郎兒慢

調見金王喆《重陽全真集》卷五。

庚樓月

即憶秦娥。宋秦觀詞名庚樓月,見《少遊詩餘》。

康老子

原調已佚,見《樂府雜錄》。

章臺月

即一斛珠。宋李彭老詞名章臺月,見《龜溪二隱詞》。

章臺柳　譜一　律一

又名：妾十九、楊柳枝、瀟湘曲。

調見《全唐詩·附詞》唐韓翃詞。

章臺路

即瑞龍吟。《歷代詩餘》卷九十八瑞龍吟註："一名章臺路。"

望夫歌　譜一

即囉嗊曲。唐劉采春詞名望夫歌，見《全唐詩》。

望月婆羅門

唐教坊曲名。

（一）調見《敦煌歌辭總編》卷三唐無名氏詞。

（二）即婆羅門引。金蔡松年詞名望月婆羅門，見《明秀集》。

望月婆羅門引　譜十八

即婆羅門引。金段克己詞名望月婆羅門引，見《遯庵樂府》。

望仙門　譜六　律四

調見宋晏殊《珠玉詞》。

望仙樓　譜七　律四

即胡搗練。宋晏幾道詞名望仙樓，見《小山詞》。

望西湖

調見清鄭景會《柳煙詞》。

望回心

即寄我相思。清徐旭旦詞名望回心，見《世經堂詞》。

望江東　譜九　律七

調見宋黃庭堅《山谷詞》。

望江泣

即望江怨。清西泠狂生詞名望江泣，見《載花船》。

望江南　譜一　律一

唐教坊曲名。

（一）即憶江南。唐温庭筠詞名望江南，見《歷代詩餘》卷一。

（二）調見《敦煌歌辭總編》卷二唐無名氏詞。

（三）即望江怨。清郭士璟詞名望江南，見《句雲堂詞》。

望江怨　譜二　律二

又名：望江泣、望江怨令、望江南。

調見《花間集》卷四五代牛嶠

詞。

望江怨令

即望江怨。清閔奕仕詞名望
江怨令,見《載雲舫集詩餘》。

望江梅　譜一　律一

即憶江南。五代李煜詞名望
江梅,見《南唐二主詞》。

望西飛

即清商怨。宋賀鑄詞名望西
飛,見《東山詞》卷上。

望明河　譜三十四　律拾五

調見宋劉一止《苕溪集》。

望長安

即蝶戀花。宋賀鑄詞名望長
安,見《東山詞》卷上。

望春回　譜三十　律拾五

調見《樂府雅詞·拾遺》卷下
宋李甲詞。

望南雲慢　譜三十二　律拾五

調見《花草粹編》卷十一宋沈
唐詞。

望書歸

即搗練子。宋賀鑄詞名望書
歸,見《東山詞》卷上。

望秦川　譜一　律一

即南歌子。宋程垓詞名望秦
川,見《書舟詞》。

望海潮　譜三十四　律十九

調見宋柳永《樂章集》卷下。

律拾三

即望雲間。金趙可詞名望海
潮,見《中州樂府》。

望梅　譜三十四　律十九

即解連環。宋無名氏詞名望
梅,見《梅苑》卷四。

望梅花　譜三　律二

又名:望梅花令。

唐教坊曲名。

此調有平韻、仄韻兩體。

平韻體見《花間集》卷八五代
孫光憲詞。

仄韻體見《花間集》卷六五代
和凝詞。

望梅花令　譜三

即望梅花。五代和凝詞名望
梅花令,見《梅苑》卷五。

望梅詞

即解連環。宋善珍詞名望梅
詞,見《藏叟摘稿》。

望揚州

即長相思慢。宋賀鑄詞名望
揚州,見《賀方回詞》卷二。

望湘人　譜三十四　律十九

宋賀鑄自度曲,見《唐宋諸賢
絕妙詞選》卷四。

望雲涯引　譜二十　律十一

調見《樂府雅詞·拾遺》卷下
宋李甲詞。

望雲間　譜二十五　律拾三

又名:雨中花慢、望海潮。
調見《歷代詩餘》卷六十二金
趙可詞。

望漢月　譜八　律五

即憶漢月。宋柳永詞名望漢
月,見《樂章集》卷下。

望遠行　譜十一　律七

唐教坊曲名。
(一)此調有平韻、仄韻兩體。
平韻體見《樂府雅詞·拾遺》
卷下宋無名氏詞。
仄韻體見黃庭堅《山谷詞》。
(二)調見《敦煌歌辭總編》卷
二唐無名氏詞。
(三)調見宋柳永《樂章集》卷
中。

望蓬萊　譜一

即憶江南。金丘處機詞名望
蓬萊,見《鳴鶴餘音》卷四。

情久長　譜三十二　律十八

又名:情長久。
調見宋呂渭老《聖求詞》。

情長久　律十八

即情久長。《詞律》卷十八
註:"情久長又名情長久。"

惜分飛　譜八　律八

又名:惜芳菲、惜春飛、惜雙
雙、惜雙雙令。
調見宋晁補之《晁氏琴趣外
篇》卷三。

惜分釵　譜十　律八

即攟芳詞。宋呂渭老詞名惜
分釵,見《聖求詞》。

惜奴嬌　譜十六　律十

又名:姹鶯嬌、惜嬰嬌。
調見宋晁補之《晁氏琴趣外
篇》卷四。

惜花春起早

調見宋張樞詞殘句,見《詞
源》卷下。

惜花春起早慢　譜二十八　律補

調見《高麗史·樂志》宋無名氏詞。

惜花容

調見《綠窗新話》卷上引《古今詞話》宋盼盼詞。

惜芳時

卽思歸樂。宋歐陽修詞名惜芳時,見《醉翁琴趣外篇》卷二。

惜芳菲　譜八

卽惜分飛。宋曹冠詞名惜芳菲,見《燕喜詞》。

惜春令　譜八

此調有平韻、三聲叶韻兩體。平韻體見宋杜安世《壽域詞》。

三聲叶韻體見宋杜安世《壽域詞》。

惜春飛

卽惜分飛。明無名氏詞名惜春飛,見《繡谷春容·吳生尋芳雅集》。

惜春郎　譜七　律拾一

調見宋柳永《樂章集》卷上。

惜春容　譜十二　律七

卽玉樓春。五代李煜詞名惜春容,見《全唐詩·附詞》。

惜春纖

調見清陳壽祺《青芙館詞鈔》。

惜秋芳

清周濟自度曲,見《止荼詞》。

惜秋華　譜二十三　律十三

宋吳文英自度曲,見《夢窗丙稿》。

惜香心

調見清王翃《槐堂詞存》。

惜紅衣　譜二十一　律十三

宋姜夔自度曲,見《白石道人歌曲》卷五。

惜時芳

卽思歸樂。宋張繼先詞名惜時芳,見《虛靖真君詞》。

惜寒梅　譜二十八　律拾四

調見《花草粹編》卷十宋無名氏詞。

惜黃花　譜十六　律十

(一)調見《梅苑》卷五宋許將詞。

(二)卽惜黃花慢。宋趙以夫

詞名惜黃花,見《虛齋樂府》卷上。

惜黃花慢 譜三十五 律十

又名:惜黃花。

此調有平韻、仄韻兩體。

平韻體見宋吳文英《夢窗乙稿》。

仄韻體見宋楊無咎《逃禪詞》。

惜餘妍

調見《陽春白雪》外集宋曹邍詞。

惜餘春

(一)即選冠子。宋孔夷詞名惜餘春,見《百琲明珠》卷三。

(二)即踏莎行。宋賀鑄詞名惜餘春,見《東山詞》卷上。

惜餘春慢 譜三十五 律十九

即選冠子。宋孔夷詞名惜餘春慢,見《唐宋諸賢絕妙詞選》卷八。

惜餘歡 譜三十三 律十八

宋黃庭堅自度腔,見《山谷詞》。

惜嬰嬌

即惜奴嬌。金侯善淵詞名惜嬰嬌,見《上清太玄集》卷九。

惜瓊花 譜十三 律八

調見宋張先《張子野詞·補遺》卷上。

惜雙雙 譜八

即惜分飛。宋張先詞名惜雙雙,見《張子野詞》卷上。

惜雙雙令 譜八 律六

即惜分飛。宋劉弇詞名惜雙雙令,見《龍雲先生樂府》。

清心月

即軟翻鞋。金馬鈺詞名清心月,見《漸悟集》卷上。

清心鏡

即紅窗迥。金丘處機詞名清心鏡,見《磻溪集》。

清平令破子

調見《高麗史·樂志》宋無名氏詞。

清平樂 譜五 律四

又名:青年樂、破子清平樂、清平樂令、新平樂、醉東風、憶蘿月。

此調有仄韻、平仄韻互叶兩體。

仄韻體見《尊前集》唐李白詞。

平仄韻互叶體見《尊前集》唐李白詞。

清平樂令　譜五

卽清平樂。唐李白詞名清平樂令,見《唐宋諸賢絕妙詞選》卷一。

譜六

卽江亭怨。宋吳城小龍女詞名清平樂令,見《唐宋諸賢絕妙詞選》卷十。

清平調

又名:清平調引、清平調辭、清平辭、陽關曲、緩緩歌。

(一)調見《全唐詩·附詞》唐李白詞。

律拾一

(二)卽平調發引。宋王禹偁詞名清平調,見《詞律拾遺》卷一。

清平調引

(一)調見《古今詞統》卷三宋蘇軾詞。

(二)卽清平調。唐李白詞名清平調引,見《歷代詩餘》卷一。

清平調辭　譜四十

唐大曲名。

(一)調見《全唐詩》唐李白詞。

(二)卽清平調。唐李白詞名清平調辭,見《唐宋諸賢絕妙詞選》卷一。

清平辭

卽清平調。唐李白詞名清平辭,見《尊前集》。

清江引

調見明方鳳《改亭詩餘》。

清江曲　譜十二　律拾二

又名:後清江曲。

調見《花草粹編》卷六宋蘇庠詞。

清江裂石

明屠隆自度曲,見《歷代詩餘》卷八十一。

清夜遊　律拾四

調見《陽春白雪》卷五宋周端臣詞。

清波引　譜二十一　律十二

宋姜夔自度曲,見《白石道人

歌曲》卷四。

清和風　譜四

即浣溪沙。宋韓淲詞名清和風，見《澗泉詩餘》。

清風八詠樓　譜三十四　律補

調見明王行《半軒詞》。

清風滿桂樓　譜二十九　律補

調見宋曹勛《松隱樂府》卷二。

清商怨　譜四　律二

又名：東陽歎、要銷凝、望西飛、傷情怨、爾汝歌、關河令。調見宋晏殊《珠玉詞》。

譜五　律八

即擷芳詞。宋曾覿詞名清商怨，見《海野老人長短句》卷上。

清朝慢

即慶清朝。明符俊詞名清朝慢，見《進修遺集》。

清溪怨　譜三十五

即奪錦標。元白樸詞名清溪怨，見《天籟集》卷上。

淩波仙

即水仙子。見《太和正音譜》。

淩波仙子

即水仙子。見《太和正音譜》。

淩波曲　譜三

即醉太平。明卓人月詞名淩波曲，見《徐卓晤歌》。

淩　歊

即金人捧露盤。宋賀鑄詞名淩歊，見《東山詞》卷上。

淩歊引

即金人捧露盤。宋賀鑄詞名淩歊引，見宋李之儀《姑溪居士文集》卷四十跋淩歊引後。

淒涼犯　譜二十三　律十三

又名：瑞鶴仙引、瑞鶴仙影、淒涼調。

宋姜夔自製曲，見《白石道人歌曲》卷六。

淒涼調　譜二十三　律十三

即淒涼犯。宋吳文英詞名淒涼詞，見《夢窗乙稿》。

添字少年心　譜十三

即少年心。宋黃庭堅詞名添字少年心，見《山谷詞》。

添字采桑子　譜五　律拾一

　　卽采桑子。宋李清照詞名添字采桑子，見《漱玉詞》。

添字昭君怨

　　卽昭君怨。明湯顯祖詞名添字昭君怨，見《牡丹亭·魂遊》。

添字浣溪沙　譜七

　　卽山花子。宋無名氏詞名添字浣溪沙，見《梅苑》卷八。

添字漁家傲　譜十四　律拾二

　　卽漁家傲。宋蔡伸詞名添字漁家傲，見《欽定詞譜》卷十四。

添字醜奴兒

　　卽采桑子。宋李清照詞名添字醜奴兒，見《全芳備祖》後集卷十二。

添字羅敷媚

　　卽采桑子。清蔣敦復詞名添字羅敷媚，見《芬陀利室詞》。

添字鶯啼序

　　卽鶯啼序。宋吳文英詞名添字鶯啼序，見《塡詞圖譜續集》卷下。

添句賀新郎

　　調見清李若虛《海棠巢詞稿》。

添句滿江紅

　　調見清李若虛《海棠巢詞稿》。

添春色　譜七

　　卽醉鄉春。宋秦觀名添春色，見《全芳備祖》前集卷七。

添香睡

　　卽贊浦子。五代毛文錫詞名添香睡，見《記紅集》。

添聲楊柳枝　譜三　律三

　　又名：太平時、花暮暗、柳枝、晚雲高、釣船歸、喚春愁、替人愁、賀聖朝引、賀聖朝影、楊柳、愛孤雲、夢江南、辭百師、豔聲歌。

　　調見《欽定詞譜》卷三五代顧敻詞。

淮甸春　譜二十八　律十六

　　卽念奴嬌。宋張輯詞名淮甸春，見《東澤綺語》。

涼州令　譜八　律六

　　卽梁州令。宋歐陽修詞名涼

州令,見《六一詞》。

涼州歌　譜四十

唐大曲名。

調見《全唐詩》唐無名氏詞。

淡掃娥眉

調見《東白堂詞選》清張臺柱詞。

淡黃柳　譜十四　律九

宋姜夔自度曲,見《白石道人歌曲》卷五。

淚珠彈　譜十

即戀繡衾。宋韓淲詞名淚珠彈,見《澗泉詩餘》。

深夜月

即搗練子。《歷代詩餘》卷一搗練子調註云:"一名深夜月。"

深院月　譜一　律一

即搗練子。五代馮延巳詞名深院月,見《欽定詞譜》。

深院花

即搗練子。清馮體婧詞名深院花,見《衆香詞》。

婆羅門　譜十八

即婆羅門引。宋無名氏詞名婆羅門,見《梅苑》卷四。

婆羅門引　譜十八　律十一

又名:望月婆羅門、望月婆羅門引、婆羅門、菊潭秋。

(一)調見《苕溪漁隱叢話》後集卷三十九宋曹組詞。

(二)即菩薩蠻。明盛於斯詞名婆羅門引,見《休庵詞》。

婆羅門令　譜二十一　律十一

調見宋柳永《樂章集》卷中。

淥水曲

調見清路傳經《曠觀樓詞》。

梁州令　譜八　律六

又名:涼州令、梁州令疊韻。

調見宋柳永《樂章集》續添曲子。

梁州令疊韻　譜八　律六

即梁州令。宋晁補之詞以二首合而為一,故名。見《晁氏琴趣外篇》卷一。

梁州序

調見明謝遷《歸田詞》。

朗州慢

即揚州慢。清查慎行詞名朗州慢,見《餘波詞》。

被花惱　譜二十五　律十四

宋楊纘自度曲,見《絕妙好詞》卷三。

寄我相思

又名:望回心。

調見清徐旭旦《世經堂詞》。

晝夜樂　譜二十六　律十五

又名:真歡樂。

調見宋柳永《樂章集》卷上。

晝錦堂　譜三十一　律十七

此調有平韻、仄韻兩體。

平韻體見宋周邦彥《片玉詞·補遺》。

仄韻體見宋陳允平《日湖漁唱》。

問梅花

清姚燮自度曲,見《疏影樓詞》。

問歌鼙

卽雨中花令。宋賀鑄詞名問歌鼙,見《東山詞》卷上。

尉遲杯　譜三十三　律十八

又名:東吳樂、尉遲杯慢。

此調有平韻、仄韻兩體。

平韻體見宋晁補之《晁氏琴趣外篇》卷三。

仄韻體見宋柳永《樂章集》卷中。

尉遲杯慢

卽尉遲杯。宋万俟詠詞名尉遲杯慢,見《全芳備祖》前集卷九。

將軍令

近人吳藕汀自度曲,見《畫牛閣詞集》。

將進酒

卽梅花引。宋賀鑄詞名將進酒,見《東山詞》卷上。

婉轉歌

調見唐郎大家宋氏詞,見《唐詩箋要後集附詞》。

欸乃曲　譜一　律一

又名:下瀧船。

調見《全唐詩·附詞》唐元結詞。

欸乃詞

調見宋蒲壽宬《心泉學詩稿》卷六。

陸州歌　譜四十

唐大曲名。

調見《全唐詩》唐無名氏詞。

細雨吹池沼 　譜十三

即蝶戀花。宋韓淲詞名細雨吹池沼，見《澗泉詩餘》。

細雨鳴池沼

即蝶戀花。《澗泉詩餘》朱祖謀校記："蝶戀花，原本題作細雨鳴池沼。"

十 二 畫

琴調相思引 　譜六　律四

（一）即相思引。宋趙彥端詞名琴調相思引，見《介庵詞》。

（二）調見宋賀鑄《賀方回詞》卷一。

琴調相思令

即長相思。宋趙鼎詞名琴調相思令，見《得全居士詞》。

琴調瑤池宴

即越江吟。宋賀鑄詞名琴調瑤池宴，見《賀方回詞》卷二。

琵琶仙 　譜二十八　律十六

宋姜夔自度曲，見《白石道人歌曲》卷四。

瑯天樂

明沈億年自度曲，見《支機集》卷三。

替人愁

即添聲楊柳枝。宋賀鑄詞名替人愁，見《東山詞》卷上。

款殘紅

明楊慎自度曲，見《升庵長短句》卷二。

華胥引 　譜二十一　律十三

（一）調見宋周邦彥《片玉集》卷五。

（二）即華清引。宋蘇軾詞名華胥引，見《東坡樂府》卷上。

華清引 　譜五　律四

又名：華胥引。

調見宋蘇軾《東坡詞》。

華溪仄

即憶秦娥。金長筌子詞名華溪仄，見《洞淵集》卷五。

菱花怨

　　即青門飲。宋賀鑄詞名菱花怨，見《賀方回詞》卷一。

黃河清

　　即黃河清慢。宋晁端禮詞名黃河清，見《閒齋琴趣外篇》。

黃河清慢　譜二十六

　　又名：黃河清。
　　調見《歷代詩餘》卷六十五宋晁端禮詞。

黃金縷　譜十三　律九

　　即蝶戀花。宋司馬槱詞名黃金縷，見《張右史文集》。

黃花慢

　　又名：古黃花慢。
　　調見清賀雙卿《雪壓軒詩詞集》。

黃嬰兒

　　即黃鶯兒。金侯善淵詞名黃嬰兒，見《上清太玄集》卷九。

黃鶯兒　譜二十四　律十四

　　又名：水雲遊、黃嬰兒、黃鶯兒令。
　　（一）調見宋柳永《樂章集》卷上。

　　（二）調見金王喆《重陽全真集》卷十二。

黃鶯兒令

　　即黃鶯兒。金譚處端詞名黃鶯兒令，見《水雲集》。

黃鶴引　譜二十　律十二

　　調見《泊宅編》卷一宋方資詞。

黃鶴洞中仙

　　即卜算子。金王喆詞名黃鶴洞中仙，見《重陽教化集》卷一。

黃鶴洞仙　譜八　律補

　　調見《鳴鶴餘音》卷四金馬鈺詞。

黃鍾喜遷鶯

　　即喜遷鶯。宋史達祖詞名黃鍾喜遷鶯，見《絕妙好詞》卷二。

黃鍾樂　譜十四　律九

　　唐教坊曲名。
　　調見《花間集》卷九五代魏承班詞。

黃鸝繞碧樹　譜二十五　律十五

　　調見宋周邦彥《片玉集》卷

八。

越女鏡心 譜二十二

即法曲獻仙音。宋姜夔詞名越女鏡心,見《白石詩詞集》。

越山青

即長相思。元仇遠詞名越山青,見《無絃琴譜》卷二。

越江吟 譜九 律五

又名:秋風嘆、宴瑤池、琴調瑤池宴、瑤池宴、瑤池宴令。

調見《苕溪漁隱叢話》前集卷十六宋蘇易簡詞。

越溪春 譜十七 律十一

調見宋歐陽修《歐陽文忠公近體樂府》卷三。

超彼岸

調見金王喆《重陽教化集》卷三。

堪畫看

即漁歌子。宋徐積詞名堪畫看,見《節孝先生文集》卷十四。

菖蒲綠 譜三十二 律十八

即歸朝歡。宋辛棄疾詞名菖蒲綠,見《稼軒詞》卷二。

菊花天

調見金王喆《重陽全真集》卷十二。

菊花新 譜九 律拾二

調見宋柳永《樂章集》卷下。

菊潭秋

即婆羅門引。金元好問詞名菊潭秋,見《遺山先生新樂府》卷三。

菩薩鬘 譜五 律四

即菩薩蠻。見《詞品》卷一。

菩薩蠻 譜五 律四

又名:一籮金、子夜、子夜啼、子夜歌、女王曲、巫山一片雲、花間意、花溪碧、金川曉行、飛仙曲、城裏鍾、重頭菩薩蠻、重疊令、重疊金、梅花句、晚雲烘日、菩薩蠻令、菩薩鬘、減字重疊金、聯環結、婆羅門引。

唐教坊曲名。

此調有平仄韻互叶、三聲叶兩體。

平仄韻互叶體見《尊前集》唐李白詞。

三聲叶體見《絕妙好詞》卷五

宋樓扶詞。

菩薩蠻引　譜三十五

卽菩薩蠻慢。宋羅志仁詞名菩薩蠻引，見《歷代詩餘》卷八十六。

菩薩蠻令

卽菩薩蠻。宋康與之詞名菩薩蠻令，見《中興以來絕妙詞選》卷一。

菩薩蠻慢　譜三十五

又名：菩薩蠻引。

調見《欽定詞譜》卷三十五引《鳳林書院草堂詩餘》元羅志仁詞。

喜長新　譜六　律拾一

唐教坊曲名。

調見《花草粹編》卷二宋王益柔詞。

喜春來　譜二　律補

又名：陽春曲。

調見元張雨《貞居詞》。

喜秋天

唐教坊曲名。

調見《雲謠集雜曲子》唐無名氏詞。

喜朝天　譜二十九　律十八

調見宋張先《張子野詞》卷二。

　　　　譜十三

卽踏莎行。宋曹冠詞名喜朝天，見《燕喜詞》。

喜團圓　譜七　律六

又名：再團圓、與團圓。

調見宋晏幾道《小山詞》。

喜遷鶯　譜六　律四

又名：早梅芳、春光好、烘春桃李、黃鍾喜遷鶯、喜遷鶯令、喜遷鶯慢、萬年枝、燕歸來、鶴衝天。

此調有平仄換韻、仄韻兩體。

平仄換韻體見《花間集》卷二五代韋莊詞。

仄韻體見《中興以來絕妙詞選》卷一宋康與之詞。

喜遷鶯令　譜六　律四

卽喜遷鶯。宋張元幹詞名喜遷鶯令，見《蘆川詞》卷下。

喜遷鶯慢

（一）調見宋張元幹《蘆川詞》卷下。

（二）即喜遷鶯。宋姜夔詞名
喜遷鶯慢，見《白石道人歌
曲》卷四。

壺山好　譜一
即憶江南。宋戴復古詞名壺
山好，見《石屏長短句》。

壺中天　譜二十八　律十六
即念奴嬌。宋程垓詞名壺中
天，見《洺水詞》。

壺中天慢　譜二十八
即念奴嬌。宋曾覿詞名壺中
天慢，見《海野詞》。

壺天曉
即西江月。明馬守貞詞名壺
天曉，見《衆香詞》。

報師恩
即瑞鷓鴣。元丘處機詞名報
師恩，見《磻溪集》。

朝天子　譜六　律四
又名：天門謠、思越人、朝天
紫。
調見宋晁補之《晁氏琴趣外
篇》卷五。

朝天紫
即朝天子。見《詞品》卷一。

朝中措　譜七　律五
又名：芙蓉曲、梅月圓、照江
梅、醉偎香。
調見宋歐陽修《六一詞》。

朝玉階　譜十三　律九
調見宋杜安世《壽域詞》。

聒龍謠　譜二十七　律拾四
調見宋朱敦儒《樵歌》卷上。

期夜月　譜三十六
調見《古今詞話》宋劉潚詞。

散天花　譜十三　律九
調見《樂府雅詞》卷中宋舒亶
詞。

散餘霞　譜五　律四
調見宋毛滂《東堂詞》。

提壺鳥
即金菊對芙蓉。清王翃詞名
提壺鳥，見《槐堂詞存》。

揚州慢　譜二十六　律十五
又名：朗州慢。
宋姜夔自度曲，見《白石道人
歌曲》卷五。

換追風
即浣溪沙。宋賀鑄詞名換追
風，見《東山詞》卷上。

換骨骸

調見金王嚞《重陽全真集》卷
三。

換巢鸞鳳　譜二十八　律十六

（一）宋史達祖自製曲，見《梅
溪詞》。

（二）即踏莎行。清胡用賓詞
名換巢鸞鳳，見《歷代蜀詞全
輯》。

換遍歌頭

調見《歲時廣記》卷十宋王詵
詞。

棹棹楫

調見金侯善淵《上清太玄集》
卷七。

握金釵　譜十四　律九

又名：戛金釵。

調見宋呂渭老《聖求詞》。

揉碎花箋

即祝英臺近。宋江西烈婦詞
名揉碎花箋，見《填詞圖譜》
卷三。

雁來紅

調見明鄭以偉《靈山藏詩
餘》。

雁侵雲慢

調見宋曹勛《松隱樂府》卷
二。

雁後歸　譜十

即臨江仙。宋賀鑄詞名雁後
歸，見《賀方回詞》卷二。

雁過南樓

調見清朱萬錦《倚園詞略》。

雁過妝樓　譜二十七

即新雁過妝樓。《欽定詞譜》
卷二十七云：“一名雁過妝
樓。”

雁靈妙方

即雙雁兒。金馬鈺詞名雁靈
妙方，見《洞玄金玉集》卷八。

雲仙引　譜二十六　律九

宋馮偉壽自度曲，見《中興以
來絕妙詞選》卷十。

雲淡秋空　譜七

即柳梢青。《欽定詞譜》卷七
云：“韓淲詞名雲淡秋空。”

雲霧斂

即蘇幕遮。金譚處端詞名雲
霧斂，見《水雲集》卷中。

悲切子

即離別難。參見離別難條。

晴色入青山　譜三

即生查子。宋韓淲詞名晴色
入青山,見《澗泉詩餘》。

晴偏好　譜一　律拾一

調見宋霜崖詞,見《山居新
話》。

最上乘

調見《敦煌歌辭總編》卷三唐
無名氏詞。

最多宜

即浣溪沙。宋賀鑄詞名最多
宜,見《東山詞》卷上。

最高樓　譜十九　律十二

又名:醉高春、醉亭樓、醉高
樓。

此調有平韻、仄韻、平仄韻間
叶三體。

平韻體見《全芳備祖》前集卷
十五宋無名氏詞。

仄韻體見《梅苑》卷二宋無名
氏詞。

平仄韻間叶體見宋辛棄疾
《稼軒詞》卷二。

景龍燈　譜九

即探春令。宋韓淲詞名景龍
燈,見《澗泉詩餘》。

喝火令　譜十四　律九

調見宋黃庭堅《山谷詞》。

喝馬一枝花　譜二十

即促拍滿路花。元無名氏詞
名喝馬一枝花,見《鳴鶴餘
音》卷四。

喝馱子

原調已佚,見《碧雞漫志》卷
五。

喚春愁

即添聲楊柳枝。宋賀鑄詞名
喚春愁,見《東山詞》卷上。

凱　歌　譜二十二

即水調歌頭。宋張榘詞名凱
歌,見《芸窗詞》。

黑漆弩　譜十

又名:江南煙雨、學士吟、鸚鵡
曲。

調見《永樂大典》卷一萬四千
三百八十一元盧摯詞。

買陂塘　譜三十六　律十九

即摸魚兒。宋趙癯齋詞名買
陂塘,見《截江網》卷五。

罥馬索　譜三十五　律拾五

調見《梅苑》卷二宋無名氏
詞。

無一事

卽漁歌子。宋徐積詞名無一
事，見《節孝先生文集》卷十
四。

無月不登樓　律拾四

宋王質自度曲，見《雪山詞》。

無如匹

調見《敦煌歌辭總編》卷三唐
無名氏詞。

無俗念

卽念奴嬌。金丘處機詞名無
俗念，見《磻溪集》。

無相珠

調見《敦煌歌辭總編》卷三唐
無名氏詞。

無　悶　譜二十七　律十六

又名：閨怨無悶。
調見宋程垓《書舟詞》。

無夢令　譜二

卽如夢令。金王喆詞名無夢
令，見《重陽教化集》卷一。

無愁可解　譜三十五　律十九

調見宋陳慥詞，見宋蘇軾《東
坡詞》。

無漏子

卽更漏子。金丘處機詞名無
漏子，見《磻溪集》。

短橋月

原調已佚，見《填詞名解》卷
四。

稘康曲

調見《歷代詩餘》卷一百十三
五代李煜詞。

稍　遍　譜三十九　律二十

卽哨遍。宋蘇軾詞名稍遍，見
《東坡詞》。

喬　影

調見清吳藻《香南雪北詞》。

集賢賓　譜十三　律九

卽接賢賓。宋柳永詞名集賢
賓，見《樂章集》卷中。

徧地花　譜十二　律八

又名：徧地錦。
調見宋毛滂《東堂詞》。

徧地錦　譜十二

（一）卽徧地花。見《欽定詞
譜》卷十二。

（二）調見《鳴鶴餘音》卷七金孫不二詞。

偏地雨中花

清沈謙新翻曲，見《東江別集》。

飯松花

清毛先舒自度曲，見《填詞名解》卷四。

番女八拍

清丁澎新譜犯曲，見《扶荔詞》。

番禺調笑

即大曲調笑。宋洪适詞名番禺調笑，見《盤洲樂章》卷一。

番槍子　譜十七　律十一

又名：春草碧。

調見宋韓玉《東浦詞》。

貂裘換酒　譜三十六　律二十

即賀新郎。宋張輯詞名貂裘換酒，見《東澤綺語》。

舜韶新　譜二十九　律拾四

調見《花草粹編》卷十宋郭子正詞。

勝州令　譜三十九　律拾六

調見《花草粹編》卷十二宋鄭意娘詞。

勝　常

清沈謙自度曲，見《東江別集》。

勝勝令　譜十五

又名：聲聲令。

調見宋曹勛《松隱樂府》卷三。

勝勝慢　譜二十七　律十

即聲聲慢。宋晁補之詞名勝勝慢，見《晁氏琴趣外篇》卷五。

訶梨子

清毛先舒自度曲，見《填詞名解》卷四。

訴衷情　譜二　律二

又名：步花間、花間訴衷情、桃花水、偶相逢、試周郎、畫樓空。

唐教坊曲名。

（一）調見《花間集》卷五五代毛文錫詞。

（二）調見《花間集》卷二唐溫庭筠詞。

訴衷情令　譜五

又名:一絲風、一絲兒、漁父家
風。
調見《中興以來絕妙詞選》卷
一宋康與之詞。

訴衷情近　譜十七　律二

調見宋柳永《樂章集》卷中。

詠歸來

明薛三省自度曲,見《天谷山
人集》卷十。

惱殺人

原調已佚,見金蔡松年《蕭閒
老人明秀集》卷五。

馮夷曲

卽水仙子,見《太和正音譜》。

粧閣梅

卽減字鷓鴣天。清丁澎詞名
粧閣梅,見《扶荔詞》。

曾經滄海難為水

近人吳藕汀新翻曲,見《畫牛
閣詞集》。

湘女怨

調見清魏學渠《青城詞》。

湘　月　譜二十八　律十六

卽念奴嬌。宋姜夔詞名湘月,
見《白石道人歌曲》卷六。

湘妃怨

卽水仙子。見《太和正音
譜》。

湘江靜　譜三十二　律十八

又名:瀟湘靜。
調見宋史達祖《梅溪詞》。

湘春夜月　譜三十一　律十七

宋黃孝邁自度曲,見《絕妙好
詞》卷四。

湘靈瑟　律拾一

元劉壎自度曲,見《水雲村詩
餘》。

湘靈鼓瑟

又名:翦梧桐。
清納蘭性德自度曲,見《納蘭
詞》。

減字木蘭花　譜五　律七

又名:小木蘭花、天下樂令、木
蘭香、四仙韻、金蓮出玉花、益
壽美金花、減蘭。
調見宋柳永《樂章集》卷下。

減字木蘭花慢

卽木蘭花慢。元陸文圭詞名
減字木蘭花慢,見《牆東詩
餘》。

減字采桑子

即攤破南鄉子。金侯善淵詞
名減字采桑子,見《上清太玄
集》卷七。

減字南鄉子

即南鄉子。明卓人月詞名減
字南鄉子,見《徐啍晤歌》。

減字重疊金

即菩薩蠻。清柯煜詞名減字
重疊金,見《月中簫譜》。

減字浣溪沙　譜四

即浣溪沙。宋賀鑄詞名減字
浣溪沙,見《賀方回詞》卷二。

減字臨江仙

即臨江仙。清洪亮吉詞名減
字臨江仙,見《更生齋詩餘》。

減字滿路花

即促拍滿路花。明查應光詞
名減字滿路花,見《麗崎軒詩
餘》。

減字鷓鴣天

又名:粧閣梅。
清丁澎自度曲,見《扶荔詞》。

減　蘭　譜五

即減字木蘭花。宋李之止詞

名減蘭,見《梅苑》卷六。

渭城曲　譜一

即陽關曲。參見陽關曲條。

渡江芙蓉

調見清佟世思《與梅堂遺
集》。

渡江雲　譜二十八　律十六

又名:三犯渡江雲、渡江雲三
犯。
此調有平韻、仄韻、平仄三聲
叶三體。
平韻體見宋陳允平《日湖漁
唱》。
仄韻體見宋陳允平《日湖漁
唱》。
平仄三聲叶體見宋周邦彥
《片玉集》卷一。

渡江雲三犯

即渡江雲。宋吳文英詞名渡
江雲三犯,見《夢窗詞集》。

寒松嘆

即聲聲慢。宋賀鑄詞名寒松
嘆,見《東山詞》卷上。

寒食詞　譜十八

即祝英臺近。宋韓淲詞名寒

食詞,見《澗泉詩餘》。

窗下繡

　　卽一落索。宋賀鑄詞名窗下
繡,見《東山詞》卷上。

畫中天

　　卽念奴嬌。清鈕琇詞名畫中
天,見《臨海堂詩餘》。

畫眉郎

　　卽好女兒。宋賀鑄詞名畫眉
郎,見《永樂大典》卷七千三
百二十九。

畫眉彎

　　調見《名媛詩緯初編詩餘集》
卷上明黃埈詞。

畫屏春　　譜十

　　卽臨江仙。宋韓淲詞名畫屏
春,見《澗泉詩餘》。

畫屏秋色　　譜三十六　律二十

　　卽秋思耗。明曹元方詞名畫
屏秋色,見《淳村詞》。

畫堂春　　譜六　律四

　　又名:畫堂春令、畫樓春、萬峰
攢翠。

　　調見宋秦觀《淮海詞》。

畫堂春令

　　卽畫堂春。宋王晉卿詞名畫
堂春令,見《永樂大典》卷二
千八百零九。

畫娥眉　　譜二

　　卽憶王孫。《欽定詞譜》卷二
云:"陸遊詞名畫娥眉。"

畫舸

　　卽南鄉子。五代歐陽烱詞名
畫舸,見《記紅集》。

畫簾垂

　　卽荷葉杯。五代韋莊詞名畫
簾垂,見《記紅集》。

畫樓空

　　卽訴衷情。宋賀鑄詞名畫樓
空,見《東山詞》卷上。

畫樓春

　　卽畫堂春。明商景蘭詞名畫
樓春,見《錦囊詩餘》。

尋花柳

　　卽醉妝詞。五代王衍詞名尋
花柳,見《記紅集》。

尋芳草　　譜十　律七

　　又名:王孫信。

　　調見宋辛棄疾《稼軒詞》卷
四。

尋芳詞

調見《繡谷春容·金蘭四友傳》明無名氏詞。

尋紅葉

清范從徹自度曲,見《四明近體樂府》。

尋 梅　譜十三　律拾二

調見《樂府雅詞》卷下宋沈蔚詞。

尋瑤草　譜四

即點絳脣。宋韓淲詞名尋瑤草,見《澗泉詩餘》。

開元樂　譜一　律一

即三臺。宋沈括詞名開元樂,見《侯鯖錄》卷七。

聞中好　譜一　律一

又名:鴛鴦綺。

此調有平韻、仄韻兩體。

平韻體見《全唐詩·附詞》唐段成式詞。

仄韻體見《全唐詩·附詞》唐鄭符詞。

閒閒令　譜十四

即攤破南鄉子。《欽定詞譜》卷十四云:"趙秉文詞名閒閒令。"

賀來朝

調見清周稚廉《容居堂詞鈔》。

賀明朝

又名:賀熙朝。

調見《花間集》卷六五代歐陽烱詞。

賀新郎　譜三十六　律二十

又名:乳燕飛、金縷曲、金縷衣、金縷詞、金縷歌、風敲竹、風瀑竹、唱金縷、雪月江山夜、賀新涼、貂裘換酒。

調見宋蘇軾《東坡詞》。

賀新郎半

調見清段昕《皆山堂詩餘偶存稿》。

賀新涼　譜三十六　律二十

即賀新郎。宋蘇軾詞名賀新涼,見《苕溪漁隱叢話》後集卷三十九。

賀聖朝　譜六　律五

又名:轉調賀聖朝。

調見五代馮延巳《陽春集》。

賀聖朝引

即添聲楊柳枝。明李漁詞名
賀聖朝引，見《笠翁詩餘》。

賀聖朝影　譜三　律三

即添聲楊柳枝。宋歐陽修詞
名賀聖朝影，見《歐陽文忠公
近體樂府》卷三。

賀新朝

調見明張寧《方洲詩餘》。

賀熙朝　譜十

即賀明朝。《欽定詞譜》因避
"明朝"二字而改"明"為
"熙"。

登仙們

調見金王喆《重陽全真集》卷
十一。

登江樓

原調已佚，見金李俊民《莊靖
先生樂府》。

登樓怨

清顧翰自度曲，見《拜石山房
詞》。

疏紅

即暗香。清章樹福詞名疏紅，
見《竹塢詞》。

疏影　譜三十五　律十九

又名：佳色、疏影慢、暗綠、解
佩環、綠意、綠影。

宋姜夔自度曲，見《白石道人
歌曲》卷五。

疏影慢

即疏影。宋姜夔詞名疏影慢，
見《名賢法帖》卷九。

疏簾淡月　譜二十九　律十六

即桂枝香。宋張輯詞名疏簾
淡月，見《東澤綺語》。

陽春　譜三十三　律十八

又名：陽春曲。

（一）調見宋楊無咎《逃禪
詞》。

（二）即驀山溪。《歷代詩餘》
卷五十一驀山溪調註："一名
陽春。"

陽春曲　譜二

即喜春來。《欽定詞譜》卷二
云："喜春來一名陽春曲。"

　　　　譜三十三　律十八

即陽春。宋史達祖詞名陽春
曲，見《梅溪詞》。

陽羨歌

即踏莎行。宋賀鑄詞名陽羨

歌,見《東山詞》卷上。

陽臺怨　律拾一

調見元仇遠《無絃琴譜》卷二。

陽臺路　譜二十四　律十四

調見宋柳永《樂章集》卷中。

陽臺夢　譜七　律五

(一)調見《尊前集》五代李存勗詞。

(二)調見《花草粹編》卷六宋解昉詞。

陽關三疊

(一)調見宋柴望《秋堂詩餘》。

(二)調見明顏木詞,見《爐餘稿》卷三。

陽關引　譜十八　律十一

又名:古陽關。

調見《苕溪漁隱叢話》後集卷九宋寇準詞。

陽關曲　譜一　律一

又名:渭城曲。

(一)調見《欽定詞譜》卷一唐王維詞。

(二)卽小秦王。宋蘇軾《東坡詞》陽關曲註云:"本名小秦王,入腔卽陽關曲。"

(三)卽清平調。見《古今詞話·詞辨》卷上。

陽關詞

卽小秦王。宋蘇軾詞名陽關詞,見《詩淵》。

結帶子　律拾二

調見《花草粹編》卷五宋無名氏詞。

結襪子

調見《全唐詩》唐李白詞。此調依《全唐五代詞》例列入。

絳州春

調見明蔣平階《支機集》卷一。

絳桃春

卽平湖樂。元王惲詞名絳桃春,見《秋澗樂府》卷四。

絳都春　譜二十八　律十六

此調有平韻、仄韻兩體。

平韻體見宋陳允平《日湖漁唱》。

仄韻體見《草堂詩餘》後集卷上宋丁仙現詞。

絲雨隔

　　卽中興樂。清孔傳鐸詞名絲

雨隔,見《紅蕚詞》。

十　三　畫

瑟瑟調

　　明沈億自度曲,見《支機集》
　　卷三。

瑞庭花引

　　調見《詩淵》宋莫蒙詞。

瑞宮春

　　卽滿宮春。《歷代詩餘》卷二
　　十二滿宮春調註:"一名瑞宮
　　春。"

瑞雪濃慢

　　卽瑞雲濃慢。宋陳亮詞名瑞
　　雪濃慢,見《龍川詞》。

瑞雲濃　譜十七　律十一

　　調見宋楊無咎《逃禪詞》。

瑞雲濃慢　譜三十三　律十七

　　又名:瑞雪濃慢。
　　調見宋陳亮《龍川詞》。

瑞龍吟　譜三十七　律二十

　　又名:章臺路。

調見宋周邦彥《片玉詞》卷
一。

瑞鶴仙　譜三十一　律十七

　　又名:一捻紅。
　　調見宋周邦彥《片玉集》卷
　　二。

瑞鶴仙引

　　卽淒涼犯。《歷代詩餘》卷五
　　十四淒涼犯調註:"亦名瑞鶴
　　仙引。"

瑞鶴仙令

　　卽臨江仙。宋康與之詞名瑞
　　鶴仙令,見《陽春白雪》卷三。

瑞鶴仙影　譜二十三　律十三

　　卽淒涼犯。宋姜夔詞名瑞鶴
　　仙影,見《白石道人歌曲》卷
　　六淒涼犯詞序。

瑞鷓鴣　譜十二　律八

　　又名:十報恩、五拍、天下樂、

太平樂、吹柳絮、得道陽、拾菜
娘、桃花落、瑞鷓鴣慢、報師
恩、舞春風、鷓鴣曲、鷓鴣詞。

（一）調見宋蘇軾《東坡詞》。

（二）調見宋柳永《樂章集》卷
下。

瑞鷓鴣慢

　　卽瑞鷓鴣。宋無名氏詞名瑞
鷓鴣慢，見《高麗史·樂志》。

萬年枝　譜六

　　（一）卽喜遷鶯。《欽定詞譜》
卷六云：“和凝詞名萬年枝。”

　　（二）清沈謙新翻曲，見《東江
別集》。

萬年春

　　卽點絳脣。金王嚞詞名萬年
春，見《重陽教化集》卷三。

萬年歡　譜二十六　律十六

　　又名：萬年歡慢、滿朝歡、斷湘
絃。

　　唐教坊曲名。

　　此調有平韻、仄韻、平仄韻互
叶三體。

　　平韻體見《梅苑》卷四宋王安
禮詞。

　　仄韻體見宋晁補之《晁氏琴
趣外篇》卷二。

　　平仄韻互叶體見元趙孟頫
《松雪齋文集》卷十。

萬年歡慢

　　卽萬年歡。宋無名氏詞名萬
年歡慢，見《高麗史·樂志》。

萬里春　譜五　律四

　　調見宋周邦彥《片玉詞》卷
上。

萬峰攢翠

　　卽畫堂春仄韻體。清沈謙新
翻曲，見《東江別集》。

萬斯年　譜二

　　卽天仙子。

萬斯年曲　律二

　　（一）卽思帝鄉。《詞律》卷二
思帝鄉目次註云：“思帝鄉又
一體又名萬斯年曲。”

　　（二）卽天仙子。唐皇甫松詞
名萬斯年曲，見《選聲集》。

落日斜

　　卽梧桐影。《古今詞話·詞
辨》卷上引《竹坡詩話》云：
“一名落日斜。”

落花時

又名:好花時。

清納蘭性德自度曲,見《飲水詞》。

落紅英

調見清李百川《綠野仙蹤》。

落梅　譜三十四　律拾五

又名:落梅風、落梅慢。

調見《梅苑》卷三宋王詵詞。

落梅風　譜六　律拾一

(一)調見《梅苑》卷十宋無名氏詞。

　　　　譜一

(二)卽壽陽曲。明解縉詞名落梅風,見《歷代詩餘》卷二。

(三)卽落梅。宋王詵詞名落梅風,見《梅苑》卷三。

落梅慢　譜三十四

卽落梅。宋無名氏詞名落梅慢,見《梅苑》卷四。

落梅聲

清朱和義自度曲,見《萬竹樓詞》。

落燈風

明楊慎自度曲,見《升庵長短句》卷二。

葉落秋窗

卽長相思仄韻體,清沈謙新翻曲,見《東江別集》。

鼓笛令　譜十一　律八

調見宋黃庭堅《山谷詞》。

鼓笛慢　譜三十　律十六

卽水龍吟。宋歐陽修詞名鼓笛慢,見《醉翁琴趣外篇》卷一。

感皇恩　譜十五　律九

又名:人南渡、感皇恩令、疊蘿花。

唐教坊曲名。

(一)調見《敦煌歌辭總編》卷三唐無名氏詞。

(二)調見宋賀鑄《賀方回詞》卷一。

(三)卽小重山。宋張先詞名感皇恩,見《張子野詞》。

(四)卽蘇莫遮。唐無名氏詞名感皇恩,見《敦煌歌辭總編》卷三。

感皇恩令

卽感皇恩。宋無名氏詞名感

皇恩令,見《高麗史·樂志》。

感皇恩慢　譜三十五

即泛青苔。《欽定詞譜》卷三十五云:"一名感皇恩慢。"

感庭秋　譜七

(一)即撼庭秋。《欽定詞譜》卷七云:"一作感庭秋。"

(二)調見宋歐陽修《醉翁琴趣外篇》卷三。

(三)調見金王吉昌《會真集》卷三。

感恩多　譜三　律二

唐教坊曲名。

調見《花間集》卷四五代牛嶠詞。

感恩多令　譜七

即山花子。宋無名氏詞名感恩多令,見《高麗史·樂志》。

感黃鸝　譜二十二

即八六子。宋秦觀詞名感黃鸝,見《歷代詩餘》卷五十三。

聖無憂　譜六　律五

(一)即烏夜啼。宋歐陽修詞名聖無憂,見《歐陽文忠公近體樂府》卷三。

(二)即珠簾卷。宋歐陽修詞名聖無憂,見《醉翁琴趣外篇》卷六。

聖葫蘆

調見金王喆《重陽全真集》卷五。

聖塘引

調見《全清詞鈔》卷三十九清易孺詞。

禁　煙

即鷓鴣天。宋韓淲詞名禁煙,見《澗泉詩餘》。

楚王妃

即虞美人。清徐旭旦詞名楚王妃,見《世經堂詞》。

楚天遙　譜五

即卜算子。《欽定詞譜》卷五云:"僧皎詞名楚天遙。"

楚宮春

即楚宮春慢。宋周密詞名楚宮春,見《蘋洲漁笛譜》卷一。

楚宮春慢　譜三十四　律拾五

又名:楚宮春。

調見《花草粹編》卷十二宋僧揮詞。

楚峰青

清張景祁自度曲,見《新蘅詞》。

楚雲深　譜三

卽生查子。宋朱敦儒詞名楚雲深,見《樵歌拾遺》。

楚臺風

卽憶秦娥。宋秦觀詞名楚臺風,見《少遊詩餘》。

搗練子　譜一　律一

又名:古搗練子、夜如年、夜搗衣、杵聲齊、望書歸、深院月、深院花、深夜月、搗練子令、翦征袍、瀟湘神。

(一)調見《尊前集》五代馮延巳詞。

(二)調見宋李石《方舟詞》。

搗練子令　譜一

卽搗練子。五代李煜詞名搗練子令,見《南唐二主詞》。

楊白花

調見《全唐詩》唐柳宗元詞。此調依《詞名集解》例列入。

楊花落　譜五

卽謁金門。宋李清臣詞名楊花落,見《花草粹編》卷二。

楊　枝

卽楊柳枝。清吳梅鼎詞名楊枝,見《荆溪詞》。

楊　柳

卽添聲楊柳枝。明楊宛詞名楊柳,見《鍾巘詩餘》。

楊柳枝　譜一　律一

又名:折楊柳、柳枝、楊枝、新添聲楊柳枝、壽杯詞。

唐教坊曲名。

(一)調見《花間集》卷一唐溫庭筠詞。

(二)調見《敦煌歌辭總編》卷二唐無名氏詞。

(三)卽章臺柳。唐柳氏詞名楊柳枝,見《全唐詩·附詞》。

楊柳陌

卽浣溪沙。宋賀鑄詞名楊柳陌,見《東山詞》卷上。

想車音

卽兀令。宋賀鑄詞名想車音,見《東山詞》卷上。

想娉婷

卽臨江仙。宋賀鑄詞名想娉

婷,見《賀方回詞》卷二。

極相思　　譜七　律五

又名:極相思令。

調見《墨客揮犀》卷八宋太尉
夫人詞。

極相思令　　譜七

卽極相思。宋譚意哥詞名極
相思令,見《青瑣高議》別集
卷二。

虞主歌

又名:虞神、虞神歌。

調見《宋史·樂志》卷十六宋
無名氏詞。此調依《全宋詞》
例列入。

虞美人　　譜十二　律八

又名:一江春水、玉壺冰、巫山
十二峰、宣州竹、楚王妃、虞美
人令、虞美人影、虞姬、憶柳
曲。

唐教坊曲名。

(一)調見《敦煌歌辭總編》卷
三唐無名氏詞。

(二)此調有平韻、平仄韻互
叶兩體。

平韻體見《花間集》卷六五代

顧敻詞。

平仄韻互叶體見《尊前集》五
代李煜詞。

虞美人令　　譜十二

卽虞美人。宋李薦詞名虞美
人令,見《樂府雅詞·拾遺》
卷上。

虞美人影　　譜七　律五

(一)卽桃源憶故人。《欽定
詞譜》卷七云:"一名虞美人
影。"

(二)卽虞美人。五代李煜詞
名虞美人影,見《南唐二主
詞》。

虞　神

卽虞主歌。宋無名氏詞名虞
神,見《宋史·樂志》。

虞神歌

卽虞主歌。宋范祖禹詞名虞
神歌,見《范太史文集》卷三
十三。

虞　姬

卽虞美人。宋蔣捷詞名虞姬,
見《竹山詞》。

歲寒三友

清沈謙新犯曲，見《東江別
集》。

暈眉山

即踏莎行。宋賀鑄詞名暈眉
山，見《東山詞》卷上。

遇仙槎

即生查子。金馬鈺詞名遇仙
槎，見《漸悟集》。

遇仙亭

調見金王嚞《重陽教化集》卷
一。

遇陳王

即新曲。清毛奇齡詞名遇陳
王，見《毛翰林詞》。

睡花陰令　律拾一

調見元仇遠《無絃琴譜》卷
一。

暗　香　譜二十五　律十五

又名：紅香、紅情、晚香、疏紅。
宋姜夔自度曲，見《白石道人
歌曲》卷五。

暗香疏影　譜三十四　律拾五

調見宋吳文英《夢窗詞集》。

暗　綠

即疏影。清章樹福詞名暗綠，

見《竹塢詞》。

照江梅　譜七

即朝中措。宋李祁詞名照江
梅，見《欽定詞譜》卷七引《樂
府雅詞》。

跨金鸞

即綠頭鴨。元真真人詞名跨
金鸞，見《鳴鶴餘音》卷四。

蜂蝶令

即南歌子。《古今詞匯二編》
南歌子調註云：“一名蜂蝶
令。”

過秦樓　譜三十五　律十七

（一）調見《樂府雅詞》卷下宋
李甲詞。
（二）即選冠子。宋周邦彥詞
名過秦樓，見《片玉詞》卷下。

過澗歇　譜十九　律十二

又名：過澗歇近。
調見宋柳永《樂章集》。

過澗歇近

即過澗歇。宋柳永詞名過澗
歇近，見《樂章集》卷中。

過龍門　譜十　律一

即浪淘沙。宋史達祖詞名過

龍門,見《梅溪詞》。

過龍門令

即浪淘沙。見《警世通言》之《俞仲舉題詩遇上皇》。

蜀溪春　譜二十七　律補

宋曹勛自度曲,見《松隱樂府》卷二。

蜀蔡花

調見《鳴鶴餘音》卷五金王喆詞。

愁春未醒　譜二十二　律四

即采桑子慢。宋吳文英詞名愁春未醒,見《夢窗詞丙稿》。

愁風月

即生查子。宋賀鑄詞名愁風月,見《東山詞》卷上。

愁倚闌　譜三

即春光好。宋丘密詞名愁倚闌,見《文定公詞》。

愁倚闌令　譜三　律二

即春光好。宋晏幾道詞名愁倚闌令,見《小山詞》。

與團圓　譜七

即喜團圓。宋無名氏詞名與團圓,見《花草粹編》卷四。

傳言玉女　譜十七　律十一

調見《樂府雅詞》卷中宋晁沖之詞。

傳妙道

即傳花枝。金馬鈺詞名傳妙道,見《洞玄金玉集》卷十。

傳花枝

又名:傳妙道。

調見宋柳永《樂章集》卷上。

傾　杯　譜三十二　律十七

即傾杯樂。宋柳永詞名傾杯,見《樂章集》卷下。

傾杯令　譜十　律七

調見宋呂渭老《聖求詞》。

傾杯近　譜二十一　律拾二

調見宋袁去華《袁宣卿詞》。

傾杯序

調見《歲時廣記》卷二十五宋無名氏詞。

傾杯樂　譜三十二　律七

又名:古傾杯、傾杯。

唐教坊曲名。

調見宋柳永《樂章集》卷上。

催　雪　譜二十七

(一)調見宋姜夔《白石詩詞

集》。

（二）卽無悶。宋姜夔催雪詞在《陽春白雪》卷一中作宋丁註詞，調名為無悶。

傷春曲

（一）卽滿江紅。宋賀鑄詞名傷春曲，見《東山詞》卷上。

（二）調見《詞鵠初編》唐無名氏詞。此詞依《全唐五代詞》例列入。

傷春怨　譜四　律三

調見《歷代詩餘》卷八宋王安石詞。

傷情怨　譜四　律三

卽清商怨。宋周邦彥詞名傷情怨，見《片玉集》卷六。

傷情遠

卽清商怨。宋歐陽修詞名傷情遠，見《樂府雅詞》卷上。

傷傷子

調見清王庭《秋間詞》。

鈿帶長

卽鈿帶長中腔。宋万俟詠詞名鈿帶長，見《全芳備祖》前集卷二十二。

鈿帶長中腔　譜十五　律拾二

又名：鈿帶長。

調見《欽定詞譜》引《大聲集》宋万俟詠詞。

獅兒詞　律十三

卽雪獅兒。元張雨詞名獅兒詞，見《貞居詞》。

飲馬歌　譜二　律拾一

調見宋曹勛《松隱樂府》卷三。

飲酒樂

調見明姚廣孝《逃虛子集》。

愛月夜眠遲

卽愛月夜眠遲慢。宋仇遠詞名愛月夜眠遲，見《無絃琴譜》卷一。

愛月夜眠遲慢　譜三十三　律拾五

又名：愛月夜眠遲。

調見《高麗史·樂志》宋無名氏詞。

愛孤雲

卽添聲楊柳枝。宋賀鑄詞名愛孤雲，見《東山詞》卷上。

愛恩深　譜二十一

即受恩深。宋柳永詞名愛恩深，見《樂章集》。

愛蘆花

即老君吟。金王吉昌詞名愛蘆花，見《會真集》卷五。

解仙佩

調見宋歐陽修《醉翁琴趣外篇》卷六。

解　紅　譜一　律一

又名：解紅兒。

（一）調見五代和凝《紅葉詞稿》。

（二）調見《鳴鶴餘音》卷二元無名氏詞。

解紅兒

即解紅。清吳綺詞名解紅兒，見《藝香詞》。

解紅慢　譜三十八　律拾六

調見《欽定詞譜》引《鳴鶴餘音》元無名氏詞。

解佩令　譜十五　律九

又名：解冤結。

調見宋晏幾道《小山詞》。

解佩環　譜三十五　律十九

即疏影。元彭元遜詞名解佩環，見《鳳林書院草堂詩餘》卷上。

解冤結

即解佩令。金丘處機詞名解冤結，見《磻溪詞》。

解連環　譜三十四　律十九

又名：玉連環、杏梁燕、望梅、望梅詞。

調見宋周邦彥《片玉集》卷二。

解　愁

調見金王嚞《重陽全真集》卷十一。

解語花　譜二十八　律十六

調見宋周邦彥《片玉集》卷七。

解蹀躞　譜十七　律十一

又名：玉蹀躞。

調見宋周邦彥《片玉集》卷六。

試周郎

即訴衷情。宋賀鑄詞名試周郎，見《東山詞·補遺》。

試春衣

調見清許銳《東皋詩餘》。

試香羅　譜四

　　即浣溪沙。宋韓淲詞名試香
　　羅,見《澗泉詩餘》。

話桐鄉　譜二十四

　　即滿庭芳。宋韓淲詞名話桐
　　鄉,見《澗泉詩餘》。

遊月宮令

　　調見《高麗史·樂志》宋無名
　　氏詞。

遊仙詠

　　即漁家傲。宋賀鑄詞名遊仙
　　詠,見《賀方回詞》卷二。

新水令

　　調見《歲時廣記》卷十二宋無
　　名氏詞。

新月沉鈎

　　調見清李百川《綠野仙蹤》。

新　曲

　　又名:遇陳王。
　　調見《全唐詩》唐長孫無忌
　　詞。此調依《詞品》例列入。

新安路　譜二

　　即秋風清。唐劉長卿詞名新
　　安路,見《欽定詞譜》卷二。

新念別　譜十二

　　即夜遊宮。宋賀鑄詞名新念
　　別,見《東山詞·補遺》。

新荷葉　譜十九　律十二

　　又名:折新荷引、泛蘭舟。
　　調見宋黃裳《演山先生文集》
　　卷三十。

新添聲楊柳枝

　　即楊柳枝。唐裴誠詞名新添
　　聲楊柳枝,見《雲溪友議》卷
　　下。

新雁度瑤臺

　　清丁澎新譜犯曲,見《扶荔
　　詞》。

新雁過妝樓　譜二十七　律十六

　　又名:八寶妝、百寶妝、雁過妝
　　樓、瑤臺聚八仙。
　　調見宋吳文英《夢窗詞集》。

意難忘　譜二十二　律十二

　　又名:空亭日暮。
　　此調有平韻、仄韻兩體。
　　平韻體見宋蘇軾《東坡詞》。
　　仄韻體見清沈豐垣《蘭思
　　詞》。

塞上秋　譜一

　　即天淨沙。元無名氏詞名塞

上秋,見《歷代詩餘》卷一。

塞　姑　譜一　律一

調見《樂府詩集》卷八十唐無
名氏詞。

塞　孤　譜二十三　律一

調見宋柳永《樂章集》卷下。

塞垣春　譜二十五　律十四

調見宋周邦彥《片玉集》卷
五。

塞翁吟　譜二十二　律十三

調見宋周邦彥《片玉集》卷
四。

遂寧好

調見《輿地紀勝》卷一百五十
五宋馬咸詞。

道成歸

卽阮郎歸。金馬鈺詞名道成
歸,見《漸悟集》卷下。

道無情

卽昭君怨。元尹志平詞名道
無情,見《葆光集》卷下。

煙雨樓慢

近人吳藕汀自度曲,見《畫牛
閣詞集》。

煙波玉

卽滿江紅。清柯煜詞名煙波
玉,見《月中簫譜》。

煙姿媚

調見清汪森《桐扣詞》。

煉石天

調見清李百川《綠野仙蹤》。

煉丹砂　譜十

卽浪淘沙。金馬鈺詞名煉丹
砂,見《漸悟集》卷上。

滇春好

卽憶江南。明楊慎詞名滇春
好,見《升庵長短句》。

群玉軒

卽小重山。宋賀鑄詞名群玉
軒,見《東山詞》卷上。

遐方怨　譜二　律二

唐教坊曲名。

(一)調見《花間集》卷二唐溫
庭筠詞。

(二)調見《花間集》卷七五代
顧敻詞。

殿前歡　譜四　律補

又名:鳳將雛。

調見元張雨《貞居詞》。

辟寒金

即迎春樂。宋賀鑄詞名辟寒金,見《東山詞》卷上。

隔浦蓮　譜十七　律十一

即隔浦蓮近拍。宋周邦彥詞名隔浦蓮,見《片玉集》卷四。

隔浦蓮近　譜十七　律十一

即隔浦蓮近拍。宋吳文英詞名隔浦蓮近,見《夢窗詞甲稿》。

隔浦蓮近拍　譜十七　律十一

又名:隔浦蓮、隔浦蓮近、隔渚蓮。

調見宋周邦彥《片玉詞》卷上。

隔渚蓮

即隔浦蓮近拍。《歷代詩餘》卷四十七隔浦蓮調註:"浦或作渚。"

隔溪花

調見清徐震《珍珠舶》。

隔簾花

調見宋曹勛《松隱樂府》卷二。

隔簾美人

調見清邵錫榮《二峰集》。

隔簾聽　譜十七　律十一

唐教坊曲名。

調見宋柳永《樂章集》卷中。

十　四　畫

瑣窗寒　譜二十七　律十六

又名:月下笛、鎖寒窗。

調見宋周邦彥《片玉集》卷一。

按:"瑣"或作"鎖"。

瑣窗漏永泣孤鸞

調見《東白堂詞選》清張臺柱詞。

碧玉簫　律拾一

調見《歷代詩餘》卷十九宋無名氏詞。

碧牡丹　譜十七　律十一

又名：碧牡丹慢。

（一）調見《花草粹編》卷八宋
張先詞。

（二）調見《花草粹編》卷九宋
李致遠詞。

碧牡丹慢　律拾四

即碧牡丹。宋李致遠詞名碧
牡丹慢，見《詞律拾遺》卷四。

碧芙蓉　譜二十二　律十四

即尾犯。宋秦觀詞名碧芙蓉，
見《歷代詩餘》卷七十五。

碧空月

即南歌子。明崔廷槐詞名碧
空月，見《樓谿樂府》。

碧桃春　譜六　律四

即阮郎歸。宋丁持正詞名碧
桃春，見《翰墨大全》乙集十
七。

碧窗夢　譜一　律一

（一）即南歌子。《欽定詞譜》
卷一云：“張泌詞名碧窗夢。”

碧雲春

即阮郎歸。《歷代詩餘》卷十
六阮郎歸調註：“一名碧雲
春。”

碧雲深　譜五　律四

即憶秦娥。宋張輯詞名碧雲
深，見《東澤綺語》。

瑤池月　譜三十六

即瑤臺月。宋黃裳詞名瑤池
月，見《演山先生文集》卷三
十一。

瑤池宴　譜九　律六

即越江吟。宋蘇軾詞名瑤池
宴，見《東坡詞》。

瑤池宴令　譜九

即越江吟。宋廖正一詞名瑤
池宴令，見《樂府雅詞·拾
遺》卷上。

瑤堦草　譜十九　律十二

調見宋程垓《書舟詞》。

瑤　華　譜三十一　律十七

又名：瑤華慢。

調見宋吳文英《夢窗丁稿》。

瑤華慢　譜三十一　律十七

即瑤華。宋周密詞名瑤華慢，
見《蘋洲漁笛譜》卷一。

瑤臺月　譜三十六　律拾六

又名：瑤池月。

調見《梅苑》卷三宋無名氏

詞。

瑤臺第一層　譜二十五　律十五

調見宋張元幹《蘆川詞》卷
下。

瑤臺聚八仙　譜二十七　律十六

卽新雁過妝樓。宋張炎詞名
瑤臺聚八仙,見《山中白雲》
卷四。

夢中人

清桂延嗣自度曲,見《四明近
體樂府》。

夢仙郎　譜九　律拾二

又名:夢仙鄉。
調見《歷代詩餘》卷二十三宋
張先詞。

夢仙鄉

卽夢仙郎。宋張先詞名夢仙
鄉,見《張子野詞》卷上。

夢仙遊　譜一

卽憶江南。《欽定詞譜》卷一
云:"張滋詞名夢仙遊。"

夢玉人引　譜二十一　律十二

此調有平韻、仄韻兩體。
平韻體見宋呂渭老《聖求
詞》。

仄韻體見《樂府雅詞》卷下宋
李甲詞。

夢江口　譜一　律一

卽憶江南。清陳世祥詞名夢
江口,見《含影詞》。

夢江南　譜一　律一

(一)卽憶江南。唐皇甫松詞
名夢江南,見《花間集》卷二。
(二)卽添聲楊柳枝。宋賀鑄
詞名夢江南,見《東山詞》卷
上。

夢行雲　譜十五　律十

又名:六么花十八。
調見宋吳文英《夢窗丁稿》。

夢芙蓉　譜二十五　律拾四

宋吳文英自度曲,見《夢窗甲
稿》。

夢相親

卽玉樓春。宋賀鑄詞名夢相
親,見《東山詞》卷上。

夢揚州　譜二十六　律十四

宋秦觀自度曲,見《淮海詞》。

夢遊仙　譜三十九

(一)卽戚氏。金丘處機詞名
夢遊仙,見《鳴鶴餘音》卷五。

（二）卽憶江南。宋張滋詞名
夢遊仙,見《南湖詩餘》。

夢橫塘 譜三十四 律十八
調見宋劉一止《苕溪詞》。

夢還京 譜十八 律十一
調見宋柳永《樂章集》卷上。

夢蘭堂
調見宋馮時雲《縉雲文集》卷
四。

蒼梧謠 譜一 律一
卽歸字謠。宋蔡伸詞名蒼梧
謠,見《友古詞》。

遠山橫 譜十七
卽風入松。宋韓淲詞名遠山
橫,見《澗泉詩餘》。

遠朝歸 譜二十二 律十三
調見《梅苑》卷一宋趙耆孫
詞。

臺城路 譜三十一 律十七
卽齊天樂。宋周密詞名臺城
路,見《草窗詞》卷上。

臺城遊
卽水調歌頭。宋賀鑄詞名臺
城遊,見《東山詞》卷上。

壽山曲 譜十三 律拾三

調見五代馮延巳《陽春集·
補遺》。

壽仙翁
卽明月逐人來。明夏言詞名
壽仙翁,見《桂洲集外詞》。

壽延長中腔令
調見《高麗史·樂志》宋無名
氏詞。

壽延長破字令 譜十 律補
調見《高麗史·樂志》宋無名
氏詞。

壽杯詞
卽楊柳枝。《古今詞話·詞
辨》卷上楊柳枝調註:"又名
壽杯詞。"

壽南枝 譜二十八
卽念奴嬌。宋韓淲詞名壽南
枝,見《澗泉詩餘》。

壽星明 譜三十六 律十九
卽沁園春。宋無名氏詞名壽
星明,見《翰墨大全》丁集卷
三。

壽陽曲 譜一 律補
又名:落梅風。
調見元張可久《小山樂府》。

壽樓春　譜二十九　律十七

　　宋史達祖自度曲,見《梅溪詞》。

熙州慢　譜二十四　律拾三

　　調見宋張先《張子野詞·補遺》卷上。

熙州摘遍　譜三十一

　　卽氏州第一。《欽定詞譜》卷三十一云:"一名熙州摘遍。"

摸魚子　譜三十六　律十九

　　唐教坊曲名。

　　卽摸魚兒。宋蔣捷詞名摸魚子,見《竹山詞》。

摸魚兒　譜三十六　律十九

　　又名:山鬼謠、安慶摸、陂塘柳、買陂塘、摸魚子、舞蛟吟、邁陂塘、雙蕖怨、雙蓮。

　　此調有仄韻、三聲叶韻兩體。

　　仄韻體見宋歐陽修《歐陽文忠公近體樂府》卷三。

　　三聲叶韻體見《梅苑》卷四宋無名氏詞。

摘紅英

　　卽擷芳詞。宋趙汝茪詞名摘紅英,見《陽春白雪》卷七。

摘得新　譜一　律一

　　唐教坊曲名。

　　調見《花間集》卷二唐皇甫松詞。

酷相思　譜十五　律十

　　調見宋程垓《書舟詞》。

酴醿香

　　調見金王喆《重陽全真集》卷十一。

酹　月　譜二十八

　　卽念奴嬌。《欽定詞譜》卷二十八云:"又名酹月。"

酹江月　譜二十八　律十六

　　(一)卽念奴嬌。宋辛棄疾詞名酹江月,見《中興以來絕妙詞選》卷三。

　　(二)清沈豐垣新譜犯曲,見《蘭思詞》。

歌　頭　譜三十七　律二十

　　調見《尊前集》五代李存勗詞。

歌樂還鄉

　　調見《敦煌歌辭總編》卷二唐無名氏詞。

厭世憶朝元

調見金侯善淵《上清太玄集》卷七。

厭金杯　譜十四　律拾二

又名:獻金杯。

調見宋賀鑄《東山寓聲樂府》。

奪錦標　譜三十五　律十九

又名:清溪怨、錦標歸。

調見元張埜《古山樂府》。

爾汝歌

卽清商怨。宋賀鑄詞名爾汝歌,見《東山詞》卷上。

睿恩新　譜十一　律八

調見宋晏殊《珠玉詞》。

遣　隊

調見《歷代詩餘》卷一宋毛滂詞。

鳴　梭　律拾三

宋譚宣子自度曲,見《陽春白雪》卷七。

幔捲紬

卽慢捲紬。宋柳永詞名幔捲紬,見《歷代詩餘》卷八十七。

舞迎春

卽迎春樂。宋賀鑄詞名舞迎春,見《東山詞》卷上。

舞春風　譜十二　律八

卽瑞鷓鴣。五代馮延巳詞名舞春風,見《陽春集》。

舞馬詞　譜一　律一

調見唐張說《張燕公集》卷十。

舞蛟吟

卽摸魚兒。近人吳藕汀詞名舞蛟吟,見《畫牛閣詞集》。

舞楊花　譜二十六　律十四

調見《貴耳集》卷下宋康與之詞。

稱人心

原調已佚。宋無名氏滿庭芳集曲名詞有"一曲稱人心"句,輯名。見《事林廣記》戊集卷二。

銅人捧露盤　譜十八

卽金人捧露盤。《欽定詞譜》卷十八云:"一名銅人捧露盤。"

銅人捧露盤引

卽金人捧露盤。宋賀鑄詞名銅人捧露盤引,見《東山詞》

卷上。

銀燈映玉人

清丁澎新譜犯曲,見《扶荔詞》。

箇　儂　譜三十八　律二十

調見《皺水軒詞筌》宋廖瑩中詞。

筶篌曲　譜十三

卽唐多令。元張翥詞名筶篌曲,見《蛻巖詞》。

遙天奉翠華引

譜二十二　律十三

調見宋侯寘《孎窟詞》。

鳳池吟　譜二十七　律十五

調見宋吳文英《夢窗甲稿》。

鳳求凰

卽聲聲慢。宋賀鑄詞名鳳求凰,見《東山詞》卷上。

鳳來朝　譜九　律七

調見宋周邦彥《片玉集》卷十。

鳳孤飛　譜七　律五

調見宋晏幾道《小山詞》。

鳳時春

調見宋王質《雪山詞》。

鳳凰枝令

調見《歲時廣記》卷十一宋万俟詠詞。

鳳凰臺上憶吹簫

譜二十五　律十四

又名:憶吹簫、憶吹簫慢。

此調有平韻、仄韻兩體。

平韻體見宋晁補之《晁氏琴趣外篇》卷一。

仄韻體見《新聲譜》清任兆麟自度曲。

鳳凰閣　譜十五　律十

又名:數花風。

調見《花草粹編》卷七宋柳永詞。

鳳凰橋令

近人吳藕汀自度曲,見《畫牛閣詞集》。

鳳將雛　譜四

卽殿前歡。《欽定詞譜》卷四云:"一名鳳將雛。"

鳳棲梧　譜十三　律五

卽蝶戀花。宋張先詞名鳳棲梧,見《張子野詞》卷一。

鳳銜杯　譜十二　律八

此調有平韻、仄韻兩體。

平韻體見宋晏殊《珠玉詞》。

仄韻體見宋柳永《樂章集》卷上。

鳳　臺

原調已佚，見《碧雞漫志》卷五。

鳳樓仙

清丁澎新譜犯曲，見《扶荔詞》。

鳳樓吟　律十七

即芳草。《詞律》卷十七云："鳳簫吟一名鳳樓吟。"

鳳樓春　譜十八　律十一

唐教坊曲名。

調見《花間集》卷六五代歐陽烱詞。

鳳歸雲　譜二十九　律十七

唐教坊曲名。

（一）此調有平韻、仄韻兩體。

平韻體見宋柳永《樂章集》卷下。

仄韻體見宋柳永《樂章集》卷中。

（二）調見《雲謠集雜曲子》唐無名氏詞。

（三）調見《全唐詩》唐滕潛詞。此調依《全唐五代詞》例列入。

鳳簫曲

即芳草。清汪文栢詞名鳳簫曲，見《柯亭餘習樂府》。

鳳簫吟　譜二十八　律十七

即芳草。宋韓縝詞名鳳簫吟，見《全芳備祖》後集卷十。

鳳鸞雙舞　譜二十四　律補

調見宋汪元量《水雲詞》。

誤佳期　律六

調見明楊慎《升庵長短句》卷二。

誤桃源　譜三　律補

又名：憨郭郎。

調見《明道雜志》宋無名氏詞。

認宮裝

即簇水近。宋賀鑄詞名認宮裝，見《永樂大典》卷六千五百二十三。

端正好　譜十　律七

又名：中腔令、於中好、秋千

索。

調見宋杜世安《壽域詞》。

端陽近

調見明王道通《簡平子詩餘》。

福壽千里　譜二十六　律拾四

調見《翰墨大全》丁集卷二宋無名氏詞。

齊天樂　譜三十一　律十七

又名:五福降中天、五福麗中天、如此江山、臺城路。

調見宋周邦彥《片玉集》卷五。

齊東曲

調見明夏言《桂洲集外詞》。

齊破陣

即破陣子,清陳祥裔詞名齊破陣,見《凝香詞》。

廣陵竹枝

調見清郭士璟《句雲堂詞》。

廣寒枝　譜四

即浣溪沙。宋韓淲詞名廣寒枝,見《澗泉詩餘》。

廣寒秋　譜十二

(一)即鵲橋仙。宋張輯詞名廣寒秋,見《東澤綺語》。

(二)即浣溪沙。《歷代詩餘》卷六浣溪沙調註:"一名廣寒秋。"

廣寒遊

清董恂自度曲,見《湖州詞錄》。

廣謫仙怨　律拾一

即謫仙怨。唐竇宏餘詞名廣謫仙怨,見《全唐詩·附詞》。

精衛操

調見《詩淵》元楊維楨詞。

慢捲紬　譜三十五　律十九

又名:幔捲紬。

調見宋柳永《樂章集》卷中。

漢宮春　譜二十四　律十四

又名:漢宮春慢、漢宮詞、慶千秋。

此調有平韻、仄韻兩體。

平韻體見宋張先《張子野詞·補遺》卷上。

仄韻體見《中興以來絕妙詞選》卷一宋康與之詞。

漢宮春慢　譜二十四

即漢宮春。宋無名氏詞名漢宮春慢,見《高麗史·樂志》。

滿江紅　譜二十二　律十三

　　又名：上江虹、念良遊、煙波
　　玉、傷春曲、滿江紅慢。

　　（一）此調有平韻、仄韻兩體。
　　平韻體見宋姜夔《白石道人
　　歌曲》卷四。
　　仄韻體見宋柳永《樂章集》卷
　　下。

　　（二）調見元侯善淵《上清太
　　玄集》卷九。

滿江紅慢

　　卽滿江紅。金王吉昌詞名滿
　　江紅慢，見《會真集》卷五。

滿宮花　譜八　律六

　　又名：滿宮春、瑞宮春、憶章
　　臺。
　　調見《花間集》卷九五代尹鶚
　　詞。

滿宮春

　　卽滿宮花。宋許棐詞名滿宮
　　春，見《梅屋詩餘》。

滿庭花　譜二十四

　　卽滿庭芳。《欽定詞譜》卷二
　　十四云：“張埜詞名滿庭花。”

滿庭芳　譜二十四　律十三

　　又名：山抹微雲、江南好、話桐
　　鄉、滿庭花、滿庭芳慢、滿庭
　　霜、鎖陽臺、瀟湘雨、瀟湘夜
　　雨、轉調滿庭芳。

　　此調有平韻、仄韻兩體。
　　平韻體見宋蘇軾《東坡詞》。
　　仄韻體見《古今詞話》宋無名
　　氏詞。

滿庭芳慢

　　卽滿庭芳。宋范致虛詞名滿
　　庭芳慢，見《歲時廣記》卷十。

滿庭霜　譜二十四　律十三

　　卽滿庭芳。宋周純詞名滿庭
　　霜，見《梅苑》卷三。

滿院春　譜四

　　卽浣溪沙。宋韓淲詞名滿院
　　春，見《澗泉詩餘》。

滿朝歡　譜二十九　律十六

　　（一）調見宋柳永《樂章集》卷
　　上。

　　（二）卽鵲橋仙。宋王仲甫詞
　　名滿朝歡，見《全芳備祖》前
　　集卷二。

滿朝歡令

　　調見《高麗史·樂志》宋無名

氏詞。

滿園花　譜二十　律十二

即促拍滿路花。宋秦觀詞名滿園花,見《淮海居士長短句》卷上。

滿路花　譜二十　律十二

即促拍滿路花。宋周邦彥詞名滿路花,見《片玉集》卷六。

滿路花巖

即促拍滿路花。元無名氏詞名滿路花巖,見《鳴鶴餘音》卷五。

滿鏡愁

清沈謙自度曲,見《東江別集》。

漁　父　譜一　律一

(一)即漁歌子。五代和凝詞名漁父,見《花間集》卷六。

律拾一

(二)又名:漁父詞、漁父慢。調見《錦繡萬花谷別集》卷十八宋戴復古詞。

(三)又名:漁父破子。調見宋蘇軾《東坡樂府》卷二。

漁父引　譜一　律拾一

唐教坊曲名。調見《欽定詞譜》卷一唐顧況詞。

漁父家風　譜五　律拾一

即訴衷情令。宋張元幹詞名漁父家風,見《蘆川詞》卷下。

漁父破子

即漁父。宋蘇軾詞名漁父破子,見《三希堂法帖》。

漁父詠

即漁家傲。金王喆詞名漁家詠,見《重陽全真集》卷十二。

漁父詞

(一)即漁家傲。宋惠洪詞名漁父詞,見《石門文字禪》卷十七。

(二)即漁父。宋戴復古詞名漁父,見《歷代詩餘》卷一。

(三)即漁歌子。宋趙構詞名漁父詞,見《寶慶會稽續志》卷六。

漁父舞

宋大曲名。調見宋史浩《鄮峰真隱大曲》

卷二。

漁父慢　律拾一

卽漁父。《詞律拾遺》卷一漁父調註："或加慢字。"

漁父樂　譜一

卽漁歌子。宋徐積詞名漁父樂，見《節孝先生文集》卷十四。

漁家傲　譜十四　律九

又名:水鼓子、吳門柳、忍辱仙人、荊溪詠、浣花溪、漁父詠、添字漁家傲、遊仙詠、醉薰風、漁父詞、漁歌、漁家樂、增字漁家傲、綠簑令。

調見宋范仲淹《范文正公詩餘》。

漁家傲引

宋大曲名。

調見宋洪适《盤洲樂章》卷一。

漁家樂

卽漁家傲。明曹元方詞名漁家樂，見《淳村詞》卷下。

漁　歌

卽漁家傲。宋李彭老詞名漁

歌，見《釋曉瑩感山雲臥紀談》卷下。

漁歌子　譜一　律一

唐教坊曲名。

又名:君不悟、君看取、秋日田父辭、魚歌子、堪畫看、漁父、漁父詞、漁父樂、漁歌、無一事、誰學得。

(一)調見《尊前集》唐張志和詞。

(二)調見《花間集》卷七五代顧敻詞。

滴滴金　譜八　律六

又名:縷縷金。

調見《能改齋漫錄》卷十七宋李遵勗詞。

閨怨無悶

卽無悶。清陳維崧詞名閨怨無悶，見《湖海樓詞》。

聞鵲喜

卽謁金門。宋周密詞名聞鵲喜，見《蘋洲漁笛譜》卷二。

翠羽吟　譜三十七　律二十

宋蔣捷自度曲，見《竹山詞》。

翠淩波

清顧貞立自度曲,見《棲香閣詞》。

翠湘風

調見明陳霆《水南詞》。

翠華引　譜一　律一

即三臺。《欽定詞譜》卷一云:"沈括詞名翠華引。"

翠圓枝　譜五

即好事近。宋韓淲詞名翠圓枝,見《澗泉詩餘》。

翠樓吟　譜二十九　律十七

宋姜夔自製曲,見《白石道人歌曲》卷六。

綺筵張

即好女兒。宋賀鑄詞名綺筵張,見《東山詞》卷上。

綺寮怨　譜三十三　律十八

調見宋周邦彥《片玉集》卷九。

綺羅春

即綺羅香。明陳士元詞名綺羅春,見《歸雲詞》。

綺羅香　譜三十三　律十八

又名:綺羅春。

宋史達祖自度曲,見《梅溪詞》。

維揚好

調見《能改齋漫錄》卷十七宋韓琦詞。

綵鸞歸令　譜五　律四

又名:青山遠。

調見宋張元幹《蘆川詞》卷下。

綠水曲

明屠隆自度曲,見《四明近體樂府》。

綠珠怨

調見《全唐詩》唐喬知之詞。此調依《詞名集解》例列入。

綠意　譜三十五　律十九

即疏影。宋張炎詞名綠意,見《山中白雲》卷六。

綠窗並綺

調見清杜詔《浣花詞》。

綠　腰　譜三十三　律十四

即六么令。見《碧雞漫志》卷三。

綠腰令

即六么令。清唐壽萼詞名綠腰令,見《全清詞鈔》。

綠簑令
　即漁家傲。《歷代詩餘》卷四
　十二漁家傲調註："一名綠簑
　令。"

綠蓋舞輕風　譜二十五　律十四
　宋周密自度曲，見《蘋洲漁笛
　譜》卷一。

綠　影
　即疏影。清蔣敦復詞名綠影，
　見《芬陀利室詞》。

綠頭鴨　譜三十七　律二十

唐教坊曲名。
　又名：多麗、南山壽、跨金鸞、
　鴨頭綠、隴頭泉。
　此調有平韻、仄韻兩體。
　平韻體見宋晁端禮《閒齋琴
　趣外篇》卷一。
　仄韻體見宋曹勛《松隱樂府》
　卷一。

綠羅裙
　即生查子。宋賀鑄詞名綠羅
　裙，見《東山詞》卷上。

十　五　畫

鬧　紅
　清張景祁自度曲，見《新蘅
　詞》。

暮花天
　即花發沁園春。宋陳亮詞名
　暮花天，見《全芳備祖》前集
　卷三。

暮雲碧　譜三十六　律拾六
　即弔嚴陵。宋李甲詞名暮雲
　碧，見《歷代詩餘》卷九十七。

蓬萊閣　譜五
　即憶秦娥。金丘處機詞名蓬
　萊閣，見《磻溪詞》。

賣花聲　譜十　律一
　(一)即浪淘沙令。宋康與之
　詞名賣花聲，見《中興以來絕
　妙詞選》卷一。
　(二)即謝池春。元黃澄詞名
　賣花聲，見《詞品》卷六。
　(三)即浪淘沙。唐皇甫松詞

名賣花聲,見《填詞圖譜》卷一。

賣花美人

清陳祥裔新譜犯曲,見《凝香集》。

駐馬聽　譜二十三　律十三

(一)調見宋柳永《樂章集》卷中。

(二)又名:應天長。

調見《古今詞話》宋無名氏詞。

增字木蘭花

調見明周用《周恭肅公詞》。

增字浪淘沙

卽浪淘沙。清西周生詞名增字浪淘沙,見《醒世姻緣傳》。

增字漁家傲

卽漁家傲。清朱彝尊詞名增字漁家傲,見《曝書亭詞》。

撒金錢

調見《宣和遺事》卷上宋袁綯詞。

撲蝴蝶　譜十七　律十一

又名:撲蝴蝶近。

調見《樂府雅詞》卷下宋曹組詞。

撲蝴蝶近　譜十七　律十一

卽撲蝴蝶。宋呂渭老詞名撲蝴蝶近,見《聖求詞》。

樓上曲　譜十二　律八

又名:四望樓。

調見宋張元幹《蘆川詞》卷下。

樓下柳

卽天香。宋賀鑄詞名樓下柳,見《賀方回詞》卷二。

樓心月

調見《陽春白雪》卷六宋無名氏詞。

撥不斷

調見明楊儀《南宮詩餘》。

撥香灰

清毛先舒自度曲,見《瑤華集》卷四。

撥棹子　譜十三　律九

唐教坊曲名。

此調有仄韻、三聲叶韻兩體。

仄韻體見《尊前集》五代尹鶚詞。

三聲叶韻體見宋黃庭堅《山

谷琴趣外篇》卷三。

撥棹過澗

調見《東白堂詞選》清俞士彪詞。

撥燕巢

卽南鄉子。宋周邦彥詞名撥燕巢,見《片玉詞》卷下。

撥禪關

調見《敦煌歌辭總編》卷三唐無名氏詞。

輥金丸

調見《鳴鶴餘音》卷六元楊眞人詞。

輥繡毬 譜十四 律九

調見宋趙長卿《惜香樂府》卷十。

輪臺子 譜三十六 律十九

調見宋柳永《樂章集》卷中。

醉木犀 譜四

卽浣溪沙。宋韓淲詞名醉木犀,見《澗泉詩餘》。

醉太平 譜三 律二

又名:四字令、凌波曲、醉思凡、醉思仙。

此調有平韻、仄韻兩體。

平韻體見宋戴復古《石屛長短句》。

仄韻體見宋辛棄疾《稼軒詞》卷四。

醉 中

卽一翦梅。宋韓淲詞名醉中,見《澗泉詩餘》。

醉中眞

卽浣溪沙。宋賀鑄詞名醉中眞,見《東山詞》卷上。

醉中歸

調見金長筌子《洞淵集》卷五。

醉公子 譜三 律三

唐敎坊曲名。

又名:四換頭、醉翁子。

(一)調見《花間集》卷七五代顧敻詞。

(二)調見宋史達祖《梅溪詞》。

醉吟商 譜二 律拾一

又名:醉吟商小品。

宋姜夔自度曲,見《欽定詞譜》卷二。

醉吟商小品

即醉吟商。宋姜夔詞名醉吟商小品,見《白石道人歌曲》卷三。

醉妝詞　譜一　律一
又名:尋花柳。

調見《全唐詩·附詞》五代王衍詞。

醉垂鞭　譜四　律三
調見宋張先《張子野詞》卷一。

醉東風　譜五
即清平樂。《欽定詞譜》卷五云:"元張翥名醉東風。"

醉花去
即醉花陰。明端淑卿詞名《林下詞選》。

醉花春　譜五
即謁金門。宋韓淲詞名醉花春,見《澗泉詩餘》。

醉花陰　譜九　律七
又名:醉花去、醉春風。

調見宋毛滂《東堂詞》。

醉花間　譜四　律三
唐教坊曲名。

調見五代馮延巳《陽春集》。

醉亭樓
即最高樓。《京本通俗小說·志誠張主管》詞名醉亭樓。

醉春風　譜十四　律九
又名:怨東風。

(一)調見《樂府雅詞·拾遺》卷下宋無名氏詞。

(二)即醉花陰。宋米友仁詞名醉春風,見《寶真齋法書贊》卷二十四。

醉思凡　譜三　律二
即醉太平。宋孫惟信詞名醉思凡,見《絕妙好詞》卷二。

醉思仙　譜二十一　律十一
(一)調見宋呂渭老《聖求詞》。

(二)即醉太平。宋劉壎詞名醉思仙,見《水雲村詩餘》。

醉秋風
清戈載自度曲,見《新聲譜》。

醉美人
清陳祥裔新譜犯曲,見《凝香詞》。

醉紅妝　譜九　律七
又名:醉紅樓、雙魚兒。

（一）調見宋張先《張子野詞》卷二。

（二）卽燕歸梁。《詞律拾遺》卷一燕歸梁調註："又名醉紅妝。"

醉紅樓

卽醉紅妝。《歷代詩餘》卷二十三醉紅妝調註："一名醉紅樓。"

醉桃園　譜七

卽桃源憶故人。宋趙鼎詞名醉桃園，見《得全居士集》。

醉桃源　譜六　律四

卽阮郎歸。宋張先詞名醉桃源，見《張子野詞》卷一。

醉高春　譜十九

卽最高樓。宋柳富詞名醉高春，見《欽定詞譜》卷十九。

醉高歌　譜八　律拾一

（一）調見《詞品》卷五元姚燧詞。

（二）卽西江月。《古今詞話·詞辨》卷上西江月調註："又名醉高歌。"

醉高樓

卽最高樓。宋張鎡詞名醉高樓，見《南湖集》卷十。

醉偎香

卽朝中措。宋歐陽修詞名醉偎香，見《醉翁琴趣外篇》卷三。

醉梅花　譜十一

卽鷓鴣天。宋盧祖皋詞名醉梅花，見《蒲江詞稿》。

醉翁子

卽醉公子。五代顧夐詞名醉翁子，見《嘯餘譜》卷八。

醉翁操　譜二十二　律十三

調見宋蘇軾《東坡後集》卷八。

醉落托

卽一斛珠。宋李彌遜詞名醉落托，見《筠溪集》。

醉落拓

卽一斛珠。宋張炎詞名醉落拓，見《山中白雲詞》卷下。

醉落魄　譜十二　律八

卽一斛珠。宋張先詞名醉落魄，見《張子野詞》卷二。

醉鄉曲

調見宋沈瀛《竹齋詞》。

醉鄉春　譜七　律五

又名:添春色。

調見《花草粹編》卷四宋秦觀
詞。

醉厭厭

即南歌子。宋賀鑄詞名醉厭
厭,見《東山詞》卷上。

醉夢迷

即采桑子。宋賀鑄詞名醉夢
迷,見《東山詞》卷上。

醉瑤池

調見《截江網》卷六宋無名氏
詞。

醉瑤瑟　譜十

即金錯刀。《欽定詞譜》卷十
云:"一名醉瑤瑟。"

醉蓬萊　譜二十五　律十五

又名:玉宇無塵、冰玉風月、雪
月交光、醉蓬萊慢。

調見宋柳永《樂章集》卷中。

醉蓬萊慢

即醉蓬萊。宋柳永詞名醉蓬
萊慢,見《湘水燕談錄》。

醉薰風

即漁家傲。明劉淑詞名醉薰
風,見《個山遺集》卷六。

醉羅歌

即一斛珠。《古今詞話·詞
辨》卷上一斛珠條註:"又名
醉羅歌。"

醉瓊枝

(一)即定風波。宋賀鑄詞名
醉瓊枝,見《東山詞》卷上。

(二)即破陣子。宋賀鑄詞名
醉瓊枝,見《東山寓聲樂府》。

醉蘆花

調見明陳孝逸《痴山詞》。

殢人嬌　譜十五　律九

又名:恣逍遙。

調見宋柳永《樂章集》卷中。

殢天涯

調見清陳祥裔《凝香集》。

賞先春

調見《眾香詞》清夏沚詞。

賞芳春

調見《朱淑真集註》前集卷二
宋無名氏詞殘句。

賞松菊　譜二十三　律補

宋曹勛自度曲,見《松隱樂

《府》卷一。

賞南枝　譜三十三　律拾五

宋曾覿自度曲,見《梅苑》卷
一。

數花風　譜十五

卽鳳凰閣。宋張炎詞名數花
風,見《山中白雲》卷四。

數落花

清王翃自度曲,見《梅里詞
輯》卷一。

閱金經　譜二

卽金字經。《欽定詞譜》卷二
云:"一名閱金經。"

踏　月　譜四

卽霜天曉角。《欽定詞譜》卷
四云:"程垓詞名踏月。"

踏青遊　譜二十一　律十二

調見《全芳備祖》後集卷十宋
蘇軾詞。

踏花天

卽浣溪沙。《歷代詩餘》卷六
浣溪沙調註云:"一名踏花
天。"

踏莎行　譜十二　律八

又名:平陽興、江南曲、芳心

苦、芳洲泊、度新聲、思牛女、
柳長春、惜餘春、梅花影、換巢
鸞鳳、喜朝天、陽羨歌、暈眉
山、踏雪行、踏雲行、題醉袖、
轉調踏莎行、瀟瀟雨、靈壽杖。
調見宋張先《張子野詞》卷
一。

踏沙行慢

調見宋歐陽修《醉翁琴趣外
篇》卷五。

踏莎美人

清顧貞觀自度曲,見《彈指
詞》。

踏雪行　譜十二

卽踏莎行。元無名氏詞名踏
雪行,見《鳴鶴餘音》卷六。

踏雲行

卽踏莎行。金王喆詞名踏雲
行,見《重陽教化集》卷二。

踏陽春

調見《歷代詩餘》卷一唐無名
氏詞。

踏　歌　譜二十　律拾二

調見宋朱敦儒《樵歌》卷上。

踏歌詞　譜二　律一

（一）調見《全唐詩》唐崔液
詞。

（二）調見《全唐詩》唐張說
詞。

蝴蝶兒　譜三　律三

調見《花間集》卷五五代張泌
詞。

蝶戀小桃紅

清沈謙新翻曲，見《東江別
集》。

蝶戀玉樓春

清張臺柱新翻曲，見《東白堂
詞選》。

蝶戀花　譜十三　律九

唐教坊曲名。

又名：一籮金、玉籮金、江如
練、西笑吟、卷珠簾、明月生南
浦、桃源行、桐花鳳、望長安、
細雨吹池沼、細雨鳴春沼、魚
水同歡、黃金縷、鳳棲梧、鵲踏
枝、轉調蝶戀花。

調見五代李煜《南唐二主
詞》。

蝶戀後庭花

清沈彩新翻曲，見《采香詞》。

稻花雞

近人吳藕汀自度曲，見《畫牛
閣詞集》。

銷夏

即風入松。清沈謙新翻仄韻
犯曲，見《今詞苑》。

劍南神曲

即謫仙怨。明楊儀詞名劍南
神曲，見《南宮詩餘》。

劍氣近

即劍器近。宋袁去華詞名劍
氣近，見《歷代詩餘》卷六十
二。

劍器近　譜二十四　律拾三

又名：劍氣近。

調見宋袁去華《袁宣卿詞》。

劍器詞

唐大曲名。

調見《敦煌歌辭總編》卷七唐
無名氏詞。

德報怨

即昭君怨。金馬鈺詞名德報
怨，見《漸悟集》卷下。

徵招　譜二十四　律八

宋姜夔自度曲，見《白石道人

歌曲》卷五。

徵招調中腔　譜十一　律八

調見宋王安中《初寮詞》。

劉潑帽

調見清沈湄《柘澗山房詞稿》。

調　笑

宋大曲名。

又名：番禺調笑、調笑令、調笑集句、調笑轉踏、調笑歌。

調見宋毛滂《東堂詞》。

調笑令　譜四十

（一）調見宋蘇軾《東坡樂府》卷三。

（二）即古調笑。

（三）即調笑。宋秦觀詞名調笑令，見《淮海居士長短句》卷下。

（四）調見金王喆《重陽全真集》卷三。

調笑詞

調見《傅幹註坡詞》卷十一《隊人嬌》詞註引張舜民調笑詞。

調笑歌

即調笑。宋黃庭堅詞名調笑歌，見《山谷琴趣外篇》卷三。

調笑集句

宋大曲名。

即調笑。宋無名氏詞名調笑集句，見《樂府雅詞》卷上。

調笑轉踏　譜四十

宋大曲名。

即調笑。宋鄭僅詞名調笑轉踏，見《樂府雅詞》卷上。

調嘯詞

即古調笑。宋蘇轍詞名調嘯詞，見《欒城集》卷十三。

誰學得

即漁歌子。宋徐積詞名誰學得，見《節孝先生文集》卷十四。

慶千秋　譜二十四　律十四

（一）調見《翰墨大全》丁集卷二宋無名氏詞。

（二）即漢宮春。《詞律》卷十四目次漢宮春調下註："又名慶千秋。"

慶同天　譜十一　律拾二

即河傳。宋張先詞名慶同天，

見《張子野詞・補遺》卷上。

慶金枝　譜七　律拾一

又名:慶金枝令。

調見宋張先《張子野詞》卷上。

慶金枝令　譜七

卽慶金枝。宋無名氏詞名慶金枝令,見《高麗史・樂志》。

慶長春　譜二十八

卽念奴嬌。宋鐵筆翁詞名慶長春,見《翰墨大全》丙集卷十四。

慶青春

調見《新註斷腸詩集》卷一宋無名氏詞殘句。

慶佳節　律拾一

此調有平韻、仄韻兩體。平韻體、仄韻體均見宋張先《張子野詞》卷一。

慶宣和　譜一　律補

調見元張可久《小山樂府》。

慶春宮　譜二十八

卽高陽臺。《欽定詞譜》卷二十八高陽臺調註:"王沂孫詞名慶春宮。"

譜三十　律十七

又名:慶宮春。

此調有平韻、仄韻兩體。

平韻體見宋周邦彥《片玉詞》卷六。

仄韻體見宋王沂孫《碧山詞》。

慶春時　譜七　律五

調見宋晏幾道《小山詞》。

慶春澤　譜十四

(一)調見宋張先《張子野詞・補遺》卷上。

(二)調見《梅苑》卷二宋無名氏詞,

(三)卽高陽臺。宋劉鎮詞名慶春澤,見《中興以來絕妙詞選》卷八。

慶春澤慢　譜二十八

卽高陽臺。《欽定詞譜》卷二十八云:"劉鎮詞名慶春澤慢。"

慶宮春　譜三十　律十七

卽慶春宮。宋王沂孫詞名慶宮春,見《花外集》。

慶清朝　譜二十五　律十四

又名:清朝慢、慶清朝慢。
此調有平韻、仄韻兩體。
平韻體見宋曹勛《松隱樂府》
卷二。
仄韻體見《陽春白雪》卷六宋
李宏模詞。

慶清朝慢　譜二十五　律十四
　即慶清朝。宋王觀詞名慶清
　朝慢,見《唐宋諸賢絕妙詞
　選》卷五。

慶新壽
　原調已佚。宋無名氏蕎山溪
　集曲名詞有"慶新壽"句,輯
　名。見《翰墨大全》丁集卷
　四。

慶壽光
　調見宋晁端禮《閒齋琴趣外
　篇》卷三。

慶雙椿
　即浣溪沙。宋王以寧詞名慶
　雙椿,見《王周士詞》。

慶靈椿　譜十四　律拾二
　即攤破南鄉子。宋無名氏詞
　名慶靈椿,見《截江網》卷六。

憐薄命

即祝英臺近。宋戴復古妻詞
名憐薄命,見《歷代詩餘》卷
四十三。

養家苦
　調見金馬鈺《洞玄金玉集》卷
　七。

慣饒人
　調見《朱淑真集註》前集卷九
　宋無名氏詞殘句。

翦半
　調見清毛奇齡《毛翰林詞》。

翦牡丹　譜二十九　律十六
　調見宋張先《張子野詞·補
　遺》卷上。

翦春絲
　調見《西陵詞選》清張臺柱
　詞。

翦征袍
　即搗練子。宋賀鑄詞名翦征
　袍,見《東山詞》卷上。

翦梧桐
　即湘靈鼓瑟。清納蘭性德詞
　名翦梧桐,見《通志堂集》卷
　九。

翦朝霞

即鷓鴣天。宋賀鑄詞名翦朝
霞，見《東山詞》卷上。

翦湘雲

清顧貞觀自度曲，見《彈指
詞》。

鄭郎子辭

調見《敦煌歌辭總編》卷二唐
無名氏詞。

澗底松

調見清陳克常《藤花餘詩
餘》。

劈瑤釵

調見《眾香詞》清吉珠詞。

嬌木笪

調見《曲律》卷四引《樂府渾
成》宋無名氏詞。

緗　梅

清毛先舒自度曲，見《填詞名
解》卷四。

緱山月　譜十四　律拾二

又名：步雲鞋。
調見元梁寅《石門詞》。

緩緩歌

即清平調。《古今詞話·詞
辨》卷上清平調註："又名緩

緩歌。"

樂　世　譜二十三　律十四

即六么令。見《碧雞漫志》卷
三。

樂世辭

調見《敦煌歌辭總編》唐沈宇
詞。

樂府合歡曲

又名：百衲錦。
調見元王惲《秋澗樂府》卷
四。

樂府烏衣怨

即點絳唇。金元好問詞名樂
府烏衣怨，見《遺山先生新樂
府》卷三。

樂春風

調見《繡谷春容·吳生尋芳
雅集》明無名氏詞。

樂遊曲　律一

調見《全唐詩·附詞》五代陳
金鳳詞。

樂　語

宋大曲名。
調見宋王義山《稼村樂府》。

十　六　畫

遶池遊　譜十六　律拾二
　　調見《樂府雅詞·拾遺》卷下
　　宋無名氏詞。

遶池遊慢　譜三十三　律拾五
　　調見宋韓淲《澗泉詩餘》。

遶佛天香
　　清丁澎新譜犯曲,見《扶荔
　　詞》。

遶佛閣　譜二十九　律十六
　　調見宋周邦彥《片玉集》卷
　　九。

遶紅樓
　　調見《衆香詞》清周青霞詞。

蕙香囊
　　卽鵲橋仙。宋歐陽修詞名蕙
　　香囊,見《醉翁琴趣外篇》卷
　　五。

蕙清風
　　調見宋賀鑄《賀方回詞》卷
　　一。

蕙蘭芳　譜二十一
　　卽蕙蘭芳引。宋方千里詞名
　　蕙蘭芳,見《和清真詞》。

蕙蘭芳引　譜二十一　律十二
　　又名:蕙蘭芳。
　　調見宋周邦彥《片玉集》卷
　　五。

憨郭郎
　　卽誤桃源。金王喆詞名憨郭
　　郎,見《重陽全真集》卷五。

蕃女怨　譜二　律二
　　調見《花間集》卷二唐溫庭筠
　　詞。

蕉葉怨
　　卽南鄉子。清蔣起榮詞名蕉
　　葉怨,見《衆香詞》。

蕊花結
　　清沈豐垣自度曲,見《蘭思
　　詞》。

蕊　珠
　　清丁澎新譜犯曲,見《扶荔
　　詞》。

蕊珠宮

即夜遊宮。金王嚞詞名蕊珠宮，見《重陽分梨十化集》卷下。

蕊珠閒　譜十七　律十一

調見宋趙彥端《介庵詞》。

燕山竹枝

調見清郭士璟《句雲堂詞》。

燕卿花

清丁澎自度曲，見《扶荔詞》。

燕棲巢

清陸進自度曲，見《付雪詞》。

燕賀鶯遷

調見《東白堂詞選》清陳敱永詞。

燕臺春　律十五

即宴春臺。宋張先詞名燕臺春，見《填詞圖譜》卷五。

燕覆巢

調見清李百川《綠野仙蹤》。

燕雙飛

調見清李百川《綠野仙蹤》。

燕歸來　譜六　律四

即喜遷鶯。宋晏幾道詞名燕歸來，見《小山詞》。

燕歸梁　譜九　律五

又名：悟黃梁、醉紅妝。

（一）調見宋柳永《樂章集》卷下。

（二）即喜遷鶯。宋晏幾道詞名燕歸梁，見《小山詞》。

燕歸慢　律拾四

調見元梁寅《石門詞》。

燕鶯語　譜十八

即祝英臺近。宋韓淲詞名燕鶯語，見《澗泉詩餘》。

輕　紅　譜十三　律九

（一）調見《梅苑》卷七宋無名氏詞。

（二）即鵲橋仙。《古今詞話·詞辨》卷上云："天機餘錦有無名氏輕紅一曲，前後各添一字，仍是鵲橋仙詠梅也。"

撼庭竹　譜十六　律十一

此調有平韻、仄韻兩體。

平韻體見宋黃庭堅《山谷詞》。

仄韻體見《花草粹編》卷八宋王詵詞。

撼庭秋　譜七　律五

又名:感庭秋。

唐教坊曲名。

調見宋晏殊《珠玉詞》。

横　雲

清金浪自度曲,見《新聲譜》。

横塘路

即青玉案。宋賀鑄詞名横塘
路,見《東山詞》卷上。

擁鼻吟

又名:吳音子。

調見宋賀鑄《賀方回詞》卷
一。

頭盞曲

調見《湘山野錄》卷一宋無名
氏詞殘句。

霓裳中序

即霓裳中序第一。宋羅志仁
詞名霓裳中序,見《天下同
文》。

霓裳中序第一

譜二十九　律十六

又名:霓裳中序。

調見宋姜夔《白石道人歌曲》
卷四。

頻載酒

即浣溪沙。宋賀鑄詞名頻載
酒,見《東山詞》卷上。

鴨頭綠　譜三十七

即綠頭鴨。宋晁端禮詞名鴨
頭綠,見《樂府雅詞》卷中。

穆護砂　譜三十九　律二十

調見元宋褧《燕石近體樂
府》。

學士吟　譜十

即鸚鵡曲。《欽定詞譜》卷十
云:"又名學士吟。"

錄　要　譜二十三　律十四

即六么令。見《碧雞漫志》卷
三。

錦香囊

調見宋歐陽修《醉翁琴趣外
篇》卷三。

錦被堆

即攤破南鄉子。宋徐去非詞
名錦被堆,見《詩淵》。

錦堂月

(一)調見明趙春《洗心亭詩
餘》。

(二)即烏夜啼。明王立道詞
名錦堂月,見《具茨詩餘》。

錦堂春　譜六　律五

　　卽烏夜啼。宋趙令畤詞名錦
　　堂春，見《歷代詩餘》卷十八。

　　　　譜二十九

　　卽錦堂春慢。宋無名氏詞名
　　錦堂春，見《梅苑》卷三。

錦堂春慢　譜二十九　律五

　　又名：錦堂春。

　　調見《苕溪漁隱叢話》後集卷
　　二十二宋司馬光詞。

錦帳留春

　　清沈謙新翻曲，見《東江別
　　集》。

錦帳春　譜十三　律八

　　調見宋丘崈《丘文定公詞》。

錦瑟清商引

　　調見《詩淵》引《水雲詞》宋汪
　　元量詞。

錦園春　譜五

　　調見《全芳備祖》前集卷七宋
　　張孝祥詞。

　　　　譜二十三

　　卽四犯翦梅花。《欽定詞譜》
　　卷二十三云：“又名錦園春。”

錦園春三犯

　　卽四犯翦梅花。宋盧祖皋詞
　　名錦園春三犯，見《蒲江詞
　　稿》。

錦標歸

　　卽奪錦標。宋曹勛詞名錦標
　　歸，見《松隱樂府》卷二。

錦鷓鴣

　　卽鷓鴣天。明楊慎詞名錦鷓
　　鴣，見《升庵長短句》。

錦纏帶

　　卽憶王孫。明楊慎詞名錦纏
　　帶，見《升庵長短句》。

錦纏道　譜十四　律十

　　又名：錦纏絆、錦纏頭。

　　調見《草堂詩餘》前集卷上宋
　　無名氏詞。

錦纏絆　譜十四

　　卽錦纏道。宋江衍詞名錦纏
　　絆，見《異聞總錄》卷三。

錦纏頭　譜十四

　　（一）卽錦纏道。宋馬子嚴詞
　　名錦纏頭，見《全芳備祖》後
　　集卷二十二。

　　（二）卽浣溪沙。宋賀鑄詞名
　　錦纏頭，見《東山詞》卷上。

鋸解令　譜十　律七

　　調見宋楊無咎《逃禪詞》。

獨倚樓

　　卽更漏子。宋賀鑄詞名獨倚樓，見《東山詞》卷上。

獨脚令　譜二

　　卽憶王孫。宋莫將詞名獨脚令，見《梅苑》卷八。

鴛鴦怨曲　譜十六

　　卽于飛樂。宋史達祖詞名鴛鴦怨曲，見《梅溪詞》。

鴛鴦夢

　　卽臨江仙。宋賀鑄詞名鴛鴦夢，見《賀方回詞》卷二。

鴛鴦綺

　　（一）卽憶眠時。五代韓偓詞名鴛鴦綺，見《記紅集》。

　　（二）卽閒中好。清吳綺詞名鴛鴦綺，見《芸香詞》。

鴛鴦語

　　卽七娘子。宋賀鑄詞名鴛鴦語，見《東山詞》卷上。

謁金門　譜五　律四

　　又名：不怕醉、出塞、東風吹酒面、空相憶、花自落、垂楊碧、長楊碧、帶湖新月、春早湖山、聞鵲喜、楊花落、醉花春。

　　唐教坊曲名。

　　調見五代馮延巳《陽春集》。

辨絃聲

　　卽迎春樂。宋賀鑄詞名辨絃聲，見《東山詞》卷上。

龍山會　譜三十三　律十七

　　調見宋趙以夫《虛齋樂府》卷上。

龍吟曲　譜三十　律十六

　　卽水龍吟。宋史達祖詞名龍吟曲，見《梅溪詞》。

龍門令

　　卽浪淘沙令。宋俞良詞名龍門令，見《警世通言·俞仲舉題詩遇上皇》。

憶人人　譜十二　律拾二

　　卽鵲橋仙。宋無名氏詞名憶人人，見《梅苑》卷七。

憶王孫　譜二　律二

　　又名：一半兒、一半兒令、一半兒詞、豆葉黃、怨王孫、錦纏帶、獨脚令、憶西方、憶君王、畫娥眉、闌干萬里心。

（一）此調有平韻、三聲互叶
兩體。

平韻體見《唐宋諸賢絕妙詞
選》卷七宋李重元詞。

三聲互叶體見《欽定詞譜》卷
二元白樸詞。

（二）調見《樂府雅詞·拾遺》
卷下宋無名氏詞。

憶少年　譜六　律四

又名：十二時、桃花曲、隴首山。

調見宋晁補之《晁氏琴趣外
篇》卷四。

憶少年令

調見《陽春白雪》卷一宋康與
之詞。

憶分飛

清沈謙新翻曲，見《東江別
集》。

憶仙姿　譜二　律二

卽如夢令。五代李存勗詞名
憶仙姿，見《尊前集》。

憶西方

卽憶王孫。明吳鼎詞名憶西
方，見《雲外集》卷十一。

憶西湖

卽憶餘杭。《古今詞話·詞
辨》卷上憶餘杭條下註又名
"憶西湖"。

憶多嬌　律二

卽長相思。《詞律》卷二長相
思調註："卽憶多嬌。"

憶江南　譜一　律一

又名：四季妝、白玉樓步虛詞、
曳腳望江南、安陽好、江南好、
江南曲、江南柳、江南憶、步虛
聲、思晴好、南徐好、春去也、
逍遙令、望江南、望江梅、望蓬
萊、壺山好、滇春好、夢仙遊、
夢江口、夢江南、夢遊仙、憶江
南曲、憶長安、憶滇南、憶鄉
關、歸來曲、歸塞北、鐙市詞、
謝秋娘。

（一）調見《尊前集》唐白居易
詞。

（二）調見五代馮延巳《陽春
集》。

（三）調見宋劉辰翁《須溪詞》
卷二。

憶君王　譜二　律二

卽憶王孫。宋謝克家詞名憶

君王,見《避戎夜話》。

憶吹簫　譜二十五

即鳳凰臺上憶吹簫。宋無名氏詞名憶吹簫,見《欽定詞譜》卷二十五。

憶吹簫慢

即鳳凰臺上憶吹簫。宋無名氏詞名憶吹簫慢,見《高麗史·樂志》。

憶東坡　譜二十六　律拾四

調見宋王之道《相山居士詞》。

憶長安

調見《全唐詩》唐謝良輔詞。

憶帝京　譜十六　律十

調見宋柳永《樂章集》卷下。

憶故人　譜七　律六

即燭影搖紅。宋王詵詞名憶故人,見《能改齋漫錄》卷十七。

憶柳曲　譜十二

即虞美人。宋張炎詞名憶柳曲,見《山中白雲》卷五。

憶皇州

調見《今詞初集》清金俊明詞。

憶真妃　譜二　律二

即相見歡。宋康仲伯詞名憶真妃,見《樂府雅詞·拾遺》卷上。

憶真娘

即相見歡。《歷代詩餘》卷三相見歡調註云:"又名憶真娘。"

憶桃源

即阮郎歸。宋張繼先詞名憶桃源,見《虛靖真君詞》。

憶桃源慢

清納蘭性德自度曲,見《通志堂詞》。

憶秦郎

即憶秦娥。見《古今詞話·詞辨》卷上。

憶秦娥　譜五　律四

又名:子夜歌、中秋月、玉交枝、曲江花、花深深、秦樓月、庾樓月、華溪仄、楚臺風、碧雲深、蓬萊閣、憶秦郎、雙荷葉、灞橋雪。

此調有平韻、仄韻、平仄韻互

叶三體。

平韻體見宋賀鑄《賀方回詞》卷二。

仄韻體見《全唐詩・附詞》唐李白詞。

平仄韻互叶體見宋毛滂《東堂詞》。

憶眠時

又名:鴛鴦倚。

調見五代韓偓《香奩詞》。

憶鄉關

卽憶江南。清傅燮詞名憶鄉關,見《借閒歌譜》。

憶章臺

調見明陳霆《水南詞》。

憶悶令　譜五　律四

調見宋晏幾道《小山詞》。

憶黃梅

調見《梅苑》卷三宋王觀詞。

憶楚宮

卽金菊對芙蓉。清陸進新翻仄韻曲,見《付雪詞》。

憶滇南

卽憶江南。明周復俊詞名憶滇南,見《涇林詞》。

憶漢月　譜八　律五

又名:望漢月。

唐教坊曲名。

(一)調見宋歐陽修《歐陽文忠公近體樂府》卷三。

(二)調見《全唐詩》唐李紳詞。

憶瑤姬　譜三十一　律十八

又名:別素質、別瑤姬慢。

此調有平韻、仄韻兩體。

平韻體見宋蔡伸《友古居士詞》。

仄韻體見《花草粹編》卷十一宋曹組詞。

憶醉鄉

清丁澎新譜犯曲,見《扶荔詞》。

憶餘杭　譜七　律三

又名:憶西湖。

(一)宋潘閬自度曲,見《湘山野錄》卷下。

(二)卽酒泉子。見《詞律》卷三。

憶黛眉

調見清孔毓埏《蕉露詞》。

憶舊遊　譜三十　律十七
　又名：憶舊遊慢。
　調見宋周邦彥《片玉集》卷
　二。

憶舊遊慢　譜三十
　卽憶舊遊。宋趙以夫詞名憶
　舊遊慢，見《絕妙好詞》卷三。

憶蘿月　譜五　律四
　卽清平樂。宋張輯詞名憶蘿
　月，見《東澤綺語》。

導　引　譜九　律補
　調見《宋史・樂志》卷十五宋
　無名氏詞。

導引曲
　卽法駕導引。清龔士珍詞名
　導引曲，見《定盦詞》。

澡蘭香　譜三十二　律十七
　宋吳文英自度曲，見《夢窗甲
　稿》。

澹紅綃　律拾三
　卽千秋歲引。《詞律拾遺》卷
　三千秋歲引調註：“又名澹紅
　綃。”

澹紅簾
　清楊夔生自度曲，見《真松閣
　詞》。

寰海清　譜二十一　律十三
　調見宋王庭珪《盧溪詞》。

選官子　譜三十五
　卽選冠子。宋楊澤民詞名選
　官子，見《和清真詞》。

選冠子　譜三十五　律十九
　又名：仄韻過秦樓、過秦樓、惜
　餘春、惜餘春慢、選官子、轉調
　選冠子、蘇武慢。
　調見《樂府雅詞・拾遺》卷上
　宋張景修詞。

十　七　畫

薦金蕉
　調見元仇遠《無絃琴譜》卷

二。

邁陂塘　譜三十六

即摸魚兒。宋張炎詞名邁陂塘，見《山中白雲詞》卷一。

薄命女　譜三　律二

即長命女。五代和凝詞名薄命女，見《花間集》卷六。

薄命妾

即長命女。五代馮延巳詞名薄命妾，見《全唐詩·附詞》。

薄　倖　譜三十五　律十九

（一）調見宋賀鑄《東山詞》卷上。

（二）清魏際瑞自製體，見《魏伯子文集》。

薄　媚　譜四十

唐教坊曲名。

調見《樂府雅詞》卷上宋董穎詞。

薄媚摘徧　譜二十三　律拾三

調見宋趙以夫《虛齋樂府》卷上。

聲聲令　譜十五　律十

即勝勝令。宋無名氏詞名聲聲令，見《草堂詩餘》前集卷上。

聲聲慢　譜二十七　律十

又名：人在樓上、神光燦、梧桐雨、勝勝慢、寒松嘆、鳳求凰。

此調有平韻、仄韻兩體。

平韻體見宋晁補之《晁氏琴趣外篇》卷五。

仄韻體見宋李清照《漱玉詞》。

聯珠炮

即攝芳詞。近人許白鳳詞名聯珠炮，見《亭橋詞》。

聯娟淡眉

調見《隋唐五代燕樂雜言歌辭集》正編卷六唐韓偓詞。

聯環結

即菩薩蠻。清翁與淑詞名聯環結，見《眾香詞》。

擣衣聲

調見《敦煌歌辭總編》卷二唐無名氏詞。

檐前鐵　譜十六　律補

調見《古今詞話》宋無名氏詞。

擊梧桐　譜三十四　律十九

（一）調見宋柳永《樂章集》卷中。

（二）調見《樂府雅詞》卷下宋
李甲詞。

醜奴兒　譜五　律四
　　卽采桑子。宋周邦彥詞名醜
　　奴兒，見《片玉集》卷七。

醜奴兒令　譜五
　　卽采桑子。宋康與之詞名醜
　　奴兒令，見《中興以來絕妙詞
　　選》卷一。

醜奴兒近　譜二十二
　　卽采桑子慢。宋辛棄疾詞名
　　醜奴兒近，見《稼軒長短句》
　　卷六。

醜奴兒慢　譜二十二　律四
　　卽采桑子慢。宋蔡伸詞名醜
　　奴兒慢，見《友古居士詞》。

霜天曉月
　　卽霜天曉角。宋韓玉詞名霜
　　天曉月，見《東浦詞》。

霜天曉角　譜四　律三
　　又名：山莊勸酒、月當窗、長橋
　　月、踏月、梅花令、霜天曉月、
　　霜角。
　　此調有平韻、仄韻兩體。
　　平韻體見宋趙長卿《惜香樂

府》卷六。
　　仄韻體見《全芳備祖》前集卷
　　一宋林逋詞。

霜花腴　譜三十三　律十八
　　宋吳文英自度曲，見《夢窗甲
　　稿》。

霜　角
　　卽霜天曉角。元張可久詞名
　　霜角，見《張小山樂府》卷中。

霜菊黃　譜四
　　卽浣溪沙。宋韓淲詞名霜菊
　　黃，見《澗泉詩餘》。

霜葉紅
　　清吳法乾自度曲，見《全清詞
　　鈔》卷九。

霜葉飛　譜三十五　律十九
　　又名：鬭嬋娟。
　　調見宋周邦彥《片玉集》卷
　　五。

臨江仙　譜十　律八
　　又名：庭院深深、海棠嬌、采蓮
　　回、減字臨江仙、臨江仙令、畫
　　屏春、雁後歸、想娉婷、瑞鶴仙
　　令、鴛鴦夢、謝新恩。
　　調見《花間集》卷六五代和凝

詞。

臨江仙引　譜十七　律八

調見宋柳永《樂章集》卷下。

臨江仙令

即臨江仙。宋柳永詞名臨江
仙令，見《柳屯田樂章集》卷
下。

臨江仙慢　譜二十三　律八

調見《欽定詞譜》卷二十三引
《樂章集》宋柳永詞。

臨江梅

清陳祥裔新譜犯曲，見《凝香
詞》。

臨江憶美人

清鄭景會新譜犯曲，見《柳煙
詞》。

點絳脣　譜四　律三

又名：一痕沙、十八香、沙頭
雨、南浦月、尋瑤草、萬年春、
點櫻桃。

調見五代馮延巳《陽春集》。

點櫻桃　譜四　律三

即點絳脣。《欽定詞譜》卷四
云：“王禹偁詞名點櫻桃。”

還京洛

調見《敦煌歌辭總編》卷三唐
無名氏詞。

還京樂　譜三十一　律十八

唐教坊曲名。

調見宋周邦彦《片玉集》卷
一。

還宮樂

調見《高麗史·樂志》宋無名
氏詞。

邀醉舞破

詞調已佚。見《填詞名解》卷
四。

簇　水　譜二十一　律十三

調見宋趙長卿《惜香樂府》卷
八。

簇水近

又名：認宮裝。

調見《永樂大典》卷六千五百
二十三宋賀鑄詞。

謝池春　譜十五　律十

又名：玉蓮花、怕春歸、風中
柳、風中柳令、賣花聲。

調見《全芳備祖》後集卷十七
宋李石詞。

謝池春慢　譜二十二　律十

調見宋張先《張子野詞》卷
一。

謝秋娘　譜一　律一

　　卽憶江南。唐白居易詞名謝
　　秋娘，見《選聲集》。

謝師恩

　　卽青玉案。金王處一詞名謝
　　師恩，見《雲光集》卷四。

謝新恩　譜十

　　卽臨江仙。五代李煜詞名謝
　　新恩，見《南唐二主詞》。

謝燕關

　　調見《西陵詞選》清柴紹炳
　　詞。

襄城遺曲

　　調見明韓邦奇《苑洛詞》。

應天長　譜八　律五

　　又名：秋夜別思、應天長令、應
　　天長慢、應天歌、駐馬聽。
　　調見五代馮延巳《陽春集》。

應天長令　譜八

　　卽應天長。宋毛幵詞名應天
　　長令，見《樵隱詞》。

應天長慢　譜八

　　卽應天長。宋張矩詞名應天

長慢，見《花草粹編》卷十。

應天歌

　　卽應天長。明楊榮詞名應天
　　歌，見《楊文敏公詞》。

應景樂　譜十九　律拾二

　　調見《花草粹編》卷八宋蕭回
　　詞。

燭影搖紅　譜七　律六

　　又名：玉珥墜金環、秋色橫空、
　　憶故人、歸去曲。
　　調見《能改齋漫錄》卷十六宋
　　周邦彥詞。

濕羅衣　譜四　律三

　　卽中興樂。五代牛希濟詞名
　　濕羅衣，見《全唐詩·附詞》。

濯纓曲　譜六

　　卽阮郎歸。宋韓淲詞名濯纓
　　曲，見《澗泉詩餘》。

賽天香

　　卽念奴嬌。明楊慎詞名賽天
　　香，見《升庵長短句》。

闌干萬里心　譜二　律二

　　卽憶王孫。宋張輯詞名闌干
　　萬里心，見《東澤綺語》。

擘瑤釵

調見《梅里詞緒》清徐楩詞。

避少年

卽鷓鴣天。宋賀鑄詞名避少年,見《東山詞》卷上。

縷縷金

卽滴滴金。清董元愷詞名縷縷金,見《蒼悟詞》。

隱去來

調見《敦煌歌辭總編》卷三唐無名氏詞。

十　八　畫

豐年瑞　譜三十

卽水龍吟。《欽定詞譜》卷三十云:"曾覩詞名豐年瑞。"

豐樂樓　譜三十九

卽鶯啼序。宋吳文英詞名豐樂樓,見《夢窗乙稿》。

舊雨來

調見清宋琬自度曲,見《二鄉亭詞》。

蕭蕭雨　譜二十五　律一

(一)卽八聲甘州。宋張炎詞名蕭蕭雨,見《山中白雲》卷四。

(二)卽踏莎行。宋賀鑄詞名蕭蕭雨,見《賀方回詞》卷二。

　按:"蕭"或作"瀟"。

擷芳詞　譜十　律八

又名:玉瓏璁、折紅英、惜分釵、清商怨、釵頭鳳、摘紅英、聯珠炮。

調見《古今詞話》宋無名氏詞。

轉調二郎神　譜三十二

卽二郎神。宋徐伸詞名轉調二郎神,見《樂府雅詞·拾遺》卷上。

轉調木蘭花

(一)卽玉樓春。宋歐陽修詞名轉調木蘭花,見《醉翁琴趣外篇》卷四。

(二)調見金王吉昌《會真集》卷五。

轉調定風波

即定風波。宋胡銓詞名轉調
定風波,見《澹庵詞》。

轉調采桂枝

即添字采桑子。金侯善淵詞
名轉調采桂枝,見《上清太玄
集》卷九。

轉調賀聖朝　　譜六

即賀聖朝。宋無名氏詞名轉
調賀聖朝,見《花草粹編》卷
四。

轉調滿庭芳　　譜二十四　　律拾二

即滿庭芳。宋李清照詞名轉
調滿庭芳,見《漱玉詞》。

轉調蝶戀花　　譜十三

即蝶戀花。宋沈蔚詞名轉調
蝶戀花,見《樂府雅詞》卷下。

轉調踏莎行　　譜十三　　律八

即踏莎行。宋曾覿詞名轉調
踏莎行,見《海野詞》。

轉調選冠子　　譜三十五

即選冠子。《欽定詞譜》卷三
十五云:"曹勛詞名轉調選冠
子。"

轉調醜奴兒

即攤破南鄉子。宋黃庭堅詞
名轉調醜奴兒,見《山谷琴趣
外篇》卷一。

轉調鬭鵪鶉

調見金王喆《重陽全真集》卷
十一。

轉應曲　　譜二　　律二

即古調笑。唐戴叔倫詞名轉
應曲,見《全唐詩》。

轉應詞

即古調笑。唐戴叔倫詞名轉
應詞,見《樂府詩集》。

轉聲虞美人

即桃源憶故人。宋張先詞名
轉聲虞美人,見《張子野詞》
卷二。

轆轤金井　　譜二十三　　律十三

即四犯翦梅花。宋劉過詞名
轆轤金井,見《龍洲詞》。

題醉袖

即踏莎行。宋賀鑄詞名題醉
袖,見《東山詞》卷上。

雙飛燕

即雙雙燕。清徐石麒詞名雙
飛燕,見《坦庵詞》。

雙星引

明蔣平階自度曲,見《支機集》。

雙紅豆　律二

卽長相思。《詞律》卷二長相思調註:"又名雙紅豆。"

雙紅豆慢

卽長相思。清蔣敦復詞名雙紅豆慢,見《芬陀利室詞》。

雙帶子

調見清毛奇齡《毛翰林詞》。

雙荷葉　譜五　律四

卽憶秦娥。宋蘇軾詞名雙荷葉,見《東坡詞》。

雙魚兒

卽醉紅妝。清岳照詞名雙魚兒,見《歷代蜀詞全輯》。

雙雁兒　譜十　律七

又名:化生兒、雁靈妙方、雙燕子。

調見宋楊無咎《逃禪詞》。

雙瑞蓮　譜二十四　律十四

調見宋趙以夫《虛齋樂府》卷下。

雙翠羽

卽念奴嬌。宋趙鼎詞名雙翠羽,見《得全居士集》。

雙蓮

卽摸魚兒。元李治詞名雙蓮,見《花草粹編》卷十二。

雙燕入珠簾

清丁澎新翻曲,見《扶荔詞》。

雙燕子　譜十

卽雙雁兒。《欽定詞譜》卷十云:"一名雙燕子。"

雙燕兒　律拾一

調見宋張先《張子野詞》卷二。

雙燕笑孤鸞

清沈謙新翻曲,見《東江別集》。

雙蕖怨　譜三十六

卽摸魚兒。元李治詞名雙蕖怨,見金元好問《遺山樂府》卷上附詞。

雙頭蓮　譜三十一　律五

(一)調見宋周邦彥《片玉集抄補》。

(二)調見宋陸遊《渭南文集》卷五十。

雙頭蓮令　譜七　律五

　　調見宋趙師俠《坦庵詞》。

雙錦瑟

　　卽西江月。清徐惺詞名雙錦
　　瑟,見《橫江詞》。

雙聲子　譜三十三　律十八

　　調見宋柳永《樂章集》卷中。

雙聲雞叫子

　　調見清王翃《槐堂詞存》。

雙雙燕　譜二十六　律十四

　　又名:雙飛燕。

　　宋史達祖自度曲,見《梅溪
　　詞》。

雙韻子　譜七　律拾一

　　調見宋張先《張子野詞·補
　　遺》卷上。

雙鸂鶒　譜七　律五

　　調見宋朱敦儒《樵歌》卷下。

雙　鶯

　　調見《歷代詩餘》卷九十七明
　　吳胐詞。

雙鶯怨

　　清毛先舒自度曲,見《填詞名
　　解》卷四。

歸平遙　譜四

卽歸國遙。宋顏奎詞名歸平
遙,見《天下同文》。

歸去曲　譜七

　　卽燭影搖紅。宋毛滂詞名歸
　　去曲,見《東堂詞》。

歸去來　譜七　律五

　　(一)調見宋柳永《樂章集》卷
　　下。

　　(二)調見《敦煌歌辭總編》卷
　　四唐釋法照詞。

歸去來兮引

　　宋大曲名。

　　調見宋楊萬里《誠齋集》卷九
　　十七。

歸去難　譜二十　律十二

　　卽促拍滿路花。宋周邦彥詞
　　名歸去難,見《片玉集》卷八。

歸田樂　譜八　律六

　　又名:歸田樂引。

　　(一)調見宋晏幾道《小山
　　詞》。

　　(二)調見宋晁補之《晁氏琴
　　趣外篇》卷一。

　　(三)調見宋蔡伸《友古居士
　　詞》。

歸田樂引　譜八

卽歸田樂。宋黃庭堅詞名歸田樂引，見《山谷詞》。

歸天樂令

調見宋黃庭堅《山谷詞》。

歸田歡

卽歸朝歡。清朱彝尊詞名歸田歡，見《曝書亭詞》。

歸字遥　譜一

又名：十六字令、月穿窗、花嬌女、蒼悟謠、歸自謠、歸梧謠。

此調有平韻、仄韻兩體。

平韻體見宋袁去華《宣卿集》。

仄韻體見清秦恩復《享帚詞》。

歸自謠　譜二　律二

又名：思佳客、風光子、思佳客令。

（一）調見宋歐陽修《歐陽文忠公近體樂府》卷一。

（二）卽歸字謠。見宋張孝祥《于湖先生長短句》第五卷目錄。

（三）卽歸國遥。《詞律》卷二

云："國一作自，謠一作遥。"

歸來曲

卽憶江南。金侯善淵詞名歸來曲，見《上清太玄集》卷九。

歸風便

卽玉樓春。宋賀鑄詞名歸風便，見《東山詞》卷上。

歸國遥　譜四　律二

又名：玉籠鸚鵡、歸平遥、歸自謠。

唐教坊曲名。

（一）調見《花間集》卷一唐溫庭筠詞。

（二）卽歸自謠。見《詞律》卷二。

歸梧謠

卽歸字謠。宋張孝祥詞名歸梧謠，見《于湖先生長短句》卷五。

歸朝歌

卽歸朝歡。宋劉辰翁詞名歸朝歌，見《須溪詞》卷二。

歸朝歡　譜三十二　律十八

又名：菖蒲綠、歸田歡、歸朝歌。

調見宋柳永《樂章集》卷中。

歸朝歡令　譜十二

即玉樓春。《欽定詞譜》卷十
三云："《高麗史·樂志》詞名
歸朝歡令。"

歸塞北　譜一　律一

即憶江南。元無名氏詞名歸
塞北,見《太平樂府》。

鎮　西　譜十六　律十一

即小鎮西犯。宋蔡伸詞名鎮
西,見《友古詞》。

鎖寒窗　譜二十七

即瑣窗寒。宋吳文英詞名鎖
寒窗,見《夢窗甲稿》。

鎖陽臺　譜二十四　律十三

即滿庭芳。宋周邦彥詞名鎖
陽臺,見《片玉詞》卷下。

翻香令　譜十二　律八

調見宋蘇軾《東坡詞》。

翻翠袖

即更漏子。宋賀鑄詞名翻翠
袖,見《東山詞》卷上。

雞叫子　律一

即阿那曲。宋張末詞名雞叫
子,見《詞品》卷一。

謫仙怨　律拾一

又名:劍南神曲、廣謫仙怨。
調見《全唐詩·附詞》唐劉長
卿詞。

濺羅裙　律拾五

即泛清苕。《詞律拾遺》卷五
泛清苕調註云："一名濺羅
裙。"

璧月堂

即小重山。宋賀鑄詞名璧月
堂,見《東山詞》卷上。

織錦曲

調見《升庵詩話》卷十一唐虞
世南詞。此調依《詞名集解》
例列入。

斷湘絃

即萬年歡。宋賀鑄詞名斷湘
絃,見《東山詞》卷上。

斷腸詞

即河滿子。《古今詞話》引
《杜陽雜編》云："一名斷腸
詞。"

斷腸悲

調見清李百川《綠野仙蹤》。

斷腸聲

卽南歌子。宋張輯詞名斷腸｜聲，見《東澤綺語》。

十　九　畫

瓊花慢
調見清鈕琇《臨野堂詩餘》。

瓊林第一枝
卽東風第一枝。清鮑芳蒨詞名瓊林第一枝，見《衆香詞》。

瓊臺　律拾三
調見宋李光《莊簡集》。

爇心香
卽行香子。金王喆詞名爇心香，見《重陽分梨十化集》卷上。

難忘曲
調見唐李賀《李長吉詩歌集》。此調依《詞名集解》例列入。

鵲踏枝　譜十三　律九
唐教坊曲名。

（一）調見《敦煌歌辭總編》卷二唐無名氏詞。

（二）卽蝶戀花。五代馮延巳詞名鵲踏枝，見《陽春集》。

鵲踏花翻
調見明徐渭《青藤書屋文集》。

鵲橋仙　譜十一　律八
又名：金風玉露相逢曲、秦樓月、梅已謝、輕紅、滿朝歡、廣寒秋、憶人人、蕙香囊、鵲橋仙令。

（一）調見宋柳永《樂章集》卷中。

（二）調見宋歐陽修《醉翁琴趣外篇》卷四。

鵲橋仙令　譜十二　律八
卽鵲橋仙。宋周邦彥詞名鵲橋仙令，見《片玉集抄補》。

攀鞍態
卽迎春樂。宋賀鑄詞名攀鞍態，見《東山詞》卷上。

願成雙

調見金元好問《遺山先生新樂府》卷五。

繫流鶯

調見明王屋《草閑堂詞箋》。

繫裙腰　譜十三　律九

又名:芳草渡、繫雲腰。

調見宋張先《張子野詞・補遺》卷上。

繫雲腰

卽繫裙腰。金王喆詞名繫雲腰,見《重陽全真集》卷五。

麗人曲

調見《全唐詩》唐崔國輔詞。

此調依《詞名集解》例列入。

蟾宮曲　譜十

卽折桂令。《欽定詞譜》卷十云:"折桂令又名蟾宮曲。"

羅衣濕

卽中興樂。五代牛希濟詞名羅衣濕,見《填詞圖譜》卷一。

羅敷令

卽采桑子。五代馮延巳詞名羅敷令,見《花草粹編》卷二。

羅敷媚　譜五　律四

卽采桑子。宋陳師道詞名羅敷媚,見《後山詞》。

羅敷媚歌　譜五

卽采桑子。《欽定詞譜》卷五云:"馮延巳詞名羅敷媚歌。"

羅敷豔歌　律四

卽采桑子。五代馮延巳詞名羅敷豔歌,見《尊前集》。

羅敷歌

卽采桑子。宋賀鑄詞名羅敷歌,見《賀方回詞》卷二。

贊成功　譜十四　律九

調見《花間集》卷五五代毛文錫詞。

贊浦子　譜四　律三

又名:添香睡、贊普子。

唐教坊曲名。

調見《花間集》卷五五代毛文錫詞。

贊普子　譜四

卽贊浦子。唐無名氏詞名贊普子,見《敦煌歌辭總編》卷二。

鏡中人　譜六　律拾一

卽相思引。宋無名氏詞鏡中人,見《古今詞話》。

簾幙深

　　調見清汪士鐸《悔翁詞》。

辭百師

　　卽添聲楊柳枝。金侯善淵詞名辭百師，見《上清太玄集》卷九。

餹多令　　譜十三　律九

　　卽唐多令。《欽定詞譜》卷十三云："一名餹多令。"

　　　　按："餹"一作"糖"。

臘前梅　　譜七

　　（一）卽太常引。宋韓淲詞名臘前梅，見《澗泉詩餘》。

　　（二）卽一翦梅。宋韓淲詞名臘前梅，見《澗泉詩餘》。

臘梅香　　譜二十八　律拾四

　　又名：梅香慢。

　　此調有平韻、仄韻兩體。

　　平韻體見《梅苑》卷四宋無名氏詞。

　　仄韻體見《梅苑》卷四宋吳師孟詞。

　　　　　　譜十三

　　卽一翦梅。《欽定詞譜》卷十三云："韓淲詞名臘梅香。"

臘梅春

　　卽一翦梅。宋韓淲詞名臘梅春，見《永樂大典》卷二千八百十一。

證無為

　　調見《敦煌歌辭總編》卷三唐無名氏詞。

證道歌

　　調見《敦煌歌辭總編》卷三唐釋真覺詞。

離別難　　譜二十一　律十三

　　又名：大郎神、悲切子、怨回鶻、離苦海。

　　此調有平韻、平仄韻互叶兩體。

　　平韻體見宋柳永《樂章集》卷上。

　　平仄韻互叶體見《花間集》卷三五代薛昭蘊詞。

離苦海

　　調見元丘處機《磻溪集》。

離亭宴　　譜十八　律十

　　又名：離亭燕。

　　調見宋張先《張子野詞·補遺》卷上。

離亭燕

即離亭宴。宋孫浩然詞名離亭燕,見《唐宋諸賢絕妙詞選》卷七。

離 歌

即鷓鴣天。《古今詞話·詞辨》卷上鷓鴣天調註:"又名離歌。"

離 鸞

清沈謙新翻曲,見《東江別集》。

韻 令　譜十八　律補

又名:三光會合。

調見宋程大昌《文簡公詞》。

瀟湘曲　律一

(一)即瀟湘神。《詞律》卷一云:"又名瀟湘曲。"

(二)即章臺柳。明魏俔詞名瀟湘曲,見《詞綜補遺》卷八十五。

瀟湘夜雨　譜二十四　律十三

(一)即滿庭芳。宋周芝紫詞名瀟湘夜雨,見《竹坡詞》卷三。

(二)調見宋趙長卿《惜香樂府》卷六。

瀟湘雨

(一)即滿庭芳。宋賀鑄詞名瀟湘雨,見《東山詞》卷上。

(二)調見清納蘭性德《納蘭詞》。

瀟湘神　譜一　律一

又名:瀟湘曲。

(一)調見《尊前集》唐劉禹錫詞。

(二)即搗練子。《古今詞話·詞辨》卷上云:"劉禹錫作瀟湘神,起即疊三字一句便是,亦即搗練子。"

瀟湘逢故人

即瀟湘逢故人慢。明陸世儀詞名瀟湘逢故人,見《桴亭詞》。

瀟湘逢故人慢

譜三十三　律十八

又名:撼膏雨、瀟湘逢故人、瀟湘憶故人慢。

此調有平韻、仄韻兩體。

平韻體見《草堂詩餘》前集卷下宋王安禮詞。

仄韻體見《詞苑叢談》卷十二
名韓夢雲詞。

瀟湘憶故人慢

　　卽瀟湘逢故人慢。宋王安禮
　　詞名瀟湘憶故人慢,見《樂府
　　雅詞·拾遺》卷上。

瀟湘靜　譜三十二

　　卽湘江靜。宋無名氏詞名瀟
　　湘靜,見《樂府雅詞·拾遺》
　　卷上。

瀘江月

　　清顧貞觀自度曲,見《彈指
　　詞》。

關山令

　　調見清李百川《綠野仙蹤》。

關河令　譜四　律三

卽清商怨。宋周邦彥詞名關
河令,見《片玉詞》卷上。

嬾卸頭

　　卽生查子。清毛奇齡詞名嬾
　　卸頭,見《毛翰林詞》。

隴首山　譜六

　　卽憶少年。宋万俟詠詞名隴
　　首山,見《唐宋諸賢絕妙詞
　　選》卷七。

隴頭月　譜七

　　卽柳梢青。宋無名氏詞名隴
　　頭月,見《投轄集》。

隴頭泉　譜三十七

　　卽綠頭鴨。宋張元幹詞名隴
　　頭泉,見《蘆川詞》。

二　　十　　畫

勸金船　譜二十一　律十三

　　又名:泛金船。
　　調見宋張先《張子野詞·補
　　遺》卷上。

蘆花雪

卽金人捧露盤。清丁澎新翻
仄韻詞名蘆花雪,見《扶荔
詞》。

蘋　香

　　卽西江月。清汪耀麟詞名蘋

香，見《花鈿集》。

蘇武令

調見《雲麓漫鈔》卷十四宋李綱詞。

蘇武慢　譜三十五　律十九

卽選冠子。宋蔡伸詞名蘇武慢，見《友古居士詞》。

蘇幕遮　譜十四　律九

又名：古調歌、雲霧斂、鬢雲鬆、鬢雲鬆令。

（一）唐教坊曲名。

調見宋范仲淹《范文正公詩餘》。

（二）唐大曲名。

調見《敦煌歌辭總編》卷七唐無名氏詞。

蘇摩遮

調見《全唐詩》唐張說詞。此調依《全唐五代詞》例列入。

獻天壽　譜六　律補

調見《欽定詞譜》卷六引《高麗史·樂志》宋無名氏詞。

獻天壽令　譜十　律補

調見《高麗史·樂志》宋無名氏詞。

獻天壽慢

調見《高麗史·樂志》宋無名氏詞。

獻仙音　譜二十二

卽法曲獻仙音。宋周密詞名獻仙音，見《蘋洲漁笛譜·集外詞》。

獻仙桃

調見《高麗史·樂志》宋無名氏詞。

獻金杯　譜十四

卽厭金杯。宋賀鑄詞名獻金杯，見《東山詞補》。

獻忠心

唐教坊曲名。

此調有平韻、平仄韻互叶兩體。

平韻體見《敦煌歌辭總編》卷三唐無名氏詞。

平仄韻互叶體見《敦煌歌辭總編》卷二唐無名氏詞。

獻衷心　譜十四　律九

調見《花間集》卷六五代歐陽炯詞。

鐙市詞

即憶江南。明李漁詞名鐙市詞,見《笠翁詩餘》。

寶釵分　譜十八

即祝英臺近。《欽定詞譜》卷十八云:"辛棄疾詞名寶釵分。"

寶鼎見

即寶鼎現。宋陳允平詞名寶鼎現,見《日湖漁唱》。

寶鼎兒　譜三十八

即寶鼎現。《欽定詞譜》卷三十八云:"陳合詞名寶鼎兒。"

寶鼎現　譜三十八　律二十

又名:三段子、寶鼎見、寶鼎兒、寶鼎詞。

調見《中吳紀聞》卷五宋范周詞。

寶鼎詞

即寶鼎現。宋陳合詞名寶鼎詞,見《絕妙好詞箋續鈔》。

寶彝香

詞調已佚。見金蔡松年《蕭閒老人明秀集》卷五。

繡定針

即繡停針。金王吉昌詞名繡定針,見《會真集》卷四。

繡停針　譜二十六　律十五

又名:成功了、雪夜漁舟、繡定針。

調見宋陸游《渭南文集》卷五十。

繡帶子　譜五　律四

即好女兒。宋黃庭堅詞名繡帶子,見《山谷琴趣外篇》卷一。

繡帶兒　譜五　律四

即好女兒。宋曾覿詞名繡帶兒,見《海野詞》。

繡薄眉

調見《鳴鶴餘音》卷六金孫不二詞。

繡鸞鳳花犯　譜三十

即花犯。宋周密詞名繡鸞鳳花犯,見《蘋洲漁笛譜》卷一。

二十一畫

驀山溪　譜十九　律十二

又名:上陽春、心月照雲溪、弄珠英、陽春。

調見宋歐陽修《歐陽文忠公近體樂府》卷三。

蘭陵王　譜三十七　律二十

又名:蘭陵王慢。

唐教坊曲名。

調見宋周邦彥《片玉集》卷八。

蘭陵王慢

卽蘭陵王。宋周邦彥詞名蘭陵王慢,見《樵隱筆記》。

櫻桃歌

調見《全唐詩》唐元稹詞。此調依《古今詞話·詞話》例入。

露下滴新荷

清沈謙自度曲,見《東白堂詞選》。

露　華　譜二十二　律十三

又名:露華慢、露華憶。

此調有平韻、仄韻兩體。

平韻、仄韻兩體均見宋王沂孫《花外集》。

露華春慢

清姚燮自製曲,見《疏影樓詞》。

露華慢　譜二十二

卽露華。《欽定詞譜》卷二十二云:"周密平韻詞名露華慢。"

露華憶

卽露華。宋周密詞名露華憶,見《歷代詩餘》卷五十四。

鶯穿柳

調見金王吉昌《會真集》卷五。

鶯啼序　譜三十九　律二十

又名:豐樂樓。

(一)調見宋吳文英《夢窗丁稿》。

（二）調見《鳴鶴餘音》卷三唐呂巖詞。

鶯聲繞紅樓

調見宋姜夔《白石道人歌曲》卷三。

鶴冲天　譜六　律四

（一）卽喜遷鶯。五代馮延巳詞名鶴冲天，見《陽春集》。

譜二十一　律十二

（二）調見宋柳永《樂章集》卷上。

律二

（三）卽春光好。《詞律》卷二云："春光好此曲一名愁倚闌令。不知誰人又名之曰鶴冲天。"

（四）卽阮郎歸。《歷代詩餘》卷十六阮郎歸調註："一名鶴冲天。"

續漁歌

卽玉樓春。宋賀鑄詞名續漁歌，見《東山詞》卷上。

續斷令

卽念奴嬌。清顧貞觀詞名續斷令，見《彈指詞》。

二十二畫

攤破木蘭花

調見宋賀鑄《賀方回詞》卷二。

攤破江城子　譜二十一

卽江城梅花引。宋程垓詞名攤破江城子，見《書舟詞》。

攤破采桑子　譜十三

調見《欽定詞譜》卷十三宋趙長卿詞。

攤破南鄉子　譜十四

又名：似娘兒、青杏兒、促拍山花子、閒閒令、減字采桑子、錦被堆、慶靈椿。

調見宋程垓《書舟詞》。

攤破浣溪沙　譜七　律三

（一）卽山花子。宋周紫芝詞名攤破浣溪沙，見《竹坡詞》卷一。

（二）卽相思引。宋無名氏詞名攤破浣溪沙，見《樂府雅詞·拾遺》卷下。

攤破訴衷情

卽阮郎歸。宋蔡枏詞名攤破訴衷情，見《永樂大典》卷一萬四千三百八十一。

攤破醜奴兒　律四

調見宋趙長卿《惜香樂府》卷六。

攤聲浣溪沙

卽山花子。宋毛滂詞名攤聲浣溪沙，見《東堂詞》。

鷗江弄

調見明夏樹芳《消暍詞》。

疊青錢　譜二十二

卽采桑子慢。宋無名氏詞名疊青錢，見《歷代詩餘》卷五十三。

疊蘿花　譜十五

卽感皇恩。《欽定詞譜》卷十五云：“黨懷英詞名疊蘿花。”

囉嗊曲　譜一　律一

又名：江南曲、望夫歌。

調見《雲溪友議》卷下唐無名氏詞。

彎環曲

清謝章鋌自度曲，見《酒邊詞》。

鷓鴣天　譜十一　律一

又名：一井金、七花蚪、千葉蓮、玉鷓鴣、半花桐、於中好、拾菜娘、思佳客、思越人、思歸引、洞中天、看瑞香、第一花、瑞鷓鴣、禁煙、華表鶴、剪朝霞、醉梅花、錦鷓鴣、避少年、歸去好、離歌、鷓鴣引、鷓鴣飛、驪歌一疊。

調見宋柳永《樂章集》續曲子。

鷓鴣引

卽鷓鴣天。元王惲詞名鷓鴣引，見《秋澗樂府》。

鷓鴣曲

卽瑞鷓鴣。見《百琲明珠》卷一。

鷓鴣飛

卽鷓鴣天。清筆鍊閣主人詞名鷓鴣飛，見《五色石》。

鷓鴣詞　譜十二

（一）卽瑞鷓鴣。宋汪晫詞名鷓鴣詞，見《西園康範詩餘》。

（二）調見清陳洪綬《寶綸堂集·附詞》。

鷗鶻啼

即南鄉子。五代李珣詞名鷗鶻啼，見《記紅集》。

二 十 三 畫

讀書引

即行香子。明朱有燉詞名讀書引，见《誠齋詞》。

纖纖月

清洪雲來自度曲，見《東白堂詞選》。

戀春芳慢　譜三十一　律補

調見《唐宋諸賢絕妙詞選》卷七宋万俟詠詞。

戀香衾　譜二十二　律十二

調見宋呂渭老《聖求詞》。

戀情深　譜四　律三

唐教坊曲名。

調見《花間集》卷五五代毛文錫詞。

戀繡衾　譜十　律七

又名：淚珠彈。

調見宋朱敦儒《樵歌》卷中。

二 十 四 畫

鬢雲鬆

即蘇幕遮。宋周邦彥詞名鬢雲鬆，見《片玉詞抄補》。

鬢雲鬆令　譜十四　律九

即蘇幕遮。宋周邦彥詞名鬢雲鬆令，見《片玉詞》卷下。

鬢邊華　譜十　律拾二

調見《梅苑》卷八宋無名氏詞。

驟雨打新荷　譜二十四

即小聖樂。金元好問詞名驟
雨打新荷,見《太平樂府》卷
二。

靈壽杖

即踏莎行。金劉志淵詞名靈
壽杖,見《啓真集》卷中。

鹽角兒　譜八　律六

調見宋歐陽修《醉翁琴趣外
篇》卷四。

鬬百花　譜十九　律十二

又名:夏州、鬬百花近拍、鬬修
行。

調見宋柳永《樂章集》卷上。

鬬百花近拍

即鬬百花。宋仲殊詞名鬬百
花近拍,見《詩淵》。

鬬百草　譜三十　律十七

(一)調見宋晁補之《晁氏琴
趣外篇》卷六。

(二)唐大曲名。

調見《敦煌歌辭總編》卷七唐
無名氏詞。

鬬修行

即鬬百花。金馬鈺詞名鬬修
行,見《洞淵金玉集》卷八。

鬬黑麻

即一斛珠。《古今詞話·詞
辨》卷上一斛珠條註:"又名
鬬黑麻。"

鬬嬋娟　譜三十五

(一)即霜葉飛。宋張炎詞名
鬬嬋娟,見《山中白雲詞》卷
三。

(二)調見《全清詞鈔》卷十六
清吳存楷詞。

鬬雞回　律拾二

調見《陽春白雪》卷七宋杜龍
沙詞。

鬬鵪鶉

調見《鳴鶴餘音》卷五元無名
氏詞。

灞橋雪

即憶秦娥。宋秦觀詞名灞橋
雪,見《少遊詩餘》。

二 十 五 畫

廳前柳　譜十二　律八
又名:亭前柳。

調見宋趙師俠《坦庵詞》。

二 十 八 畫

豔聲歌
即添聲楊柳枝。宋賀鑄詞名
豔聲歌,見《東山詞》卷上。

鸚鵡舌
即河滿子。五代和凝詞名鸚

鵡舌,見《記紅集》。

鸚鵡曲　譜十　律拾二
又名:黑漆弩、學士吟。
調見《陽春白雪》後集卷一元
白賁詞。

二 十 九 畫

驪山石
即風流子。元無名氏詞名驪
山石,見《填詞圖譜》卷六。

驪歌一疊　譜十一

即鷓鴣天。宋韓淲詞名驪歌
一疊,見《澗泉詩餘》。

鬱金香
調見清徐𤩴《橫江詞》。

後　　記

　　《詞名索引》是在"北方冷空氣南下"大刮"厚今薄古"之風時出版的,故而一出世就默默無聞,無人知曉。而在香港太平、臺灣文海、鼎文等書局卻相繼翻印出版(此是我在日本早稻田大學之參考書目中得知)。此後,我家頻年坎坷,窮困潦倒,人生到此,天道寧論。對於此書,幾乎遺忘。

　　一九八四年由中華書局出版了"重訂本",此時雖已有詞名之搜集,實無整理之興致,故增補甚微。俟後情境稍定,與小汀重行搜集,十多年來參閱各類書籍上達千種,搜集的詞調名已多出三分之一有餘。遂將原書中的"略註原委"刪去,成爲檢尋詞名資料的工具書。孫女靜芳在工作之餘,打字校勘,殺青此稿。如有錯誤遺漏,也只能以俟將來。若此書有益於人,則足矣。

癸未小暑九一翁吳藕汀於竹橋

詞名音序檢索

補　遺

吳　小　汀　輯

二　畫

七花蚪

　　即鷓鴣天。明李培詞名七花蚪,見《水西全集》卷六。

四　畫

天上春來

　　調見《毛襄懋先生別集》卷六明陳邦治詞。

月華滿

　　調見明梁雲構《豹陵集》卷二十三。

五　畫

玉鷓鴣

　　即鷓鴣天。明李培詞名玉鷓鴣,見《水西全集》卷六。

古調轉應曲

　　即古調笑。明朱讓栩詞名古調轉應曲,見《長春競辰集》卷十三。

瓦雀兒

　　調見明周履靖《梅顛稿選》卷十。

田家樂

　　調見明馮敏效《小有亭詩餘》。

<h2 style="text-align:center">六　畫</h2>

衣染鶯黃

　　調見明王太白《耕心子漫稿》卷十二。

江南子

　　調見《粵東詞抄》明張喬詞。

<h2 style="text-align:center">七　畫</h2>

折楊柳曲

　　調見明朱讓栩詞,有"折楊柳"句,故名。見《長春競辰集》卷十
　　三。

沉醉東風

　　明龔用卿自度曲,有"沉醉東風開小桃"句,故名。見《雲岡選
　　稿》卷一。

<h2 style="text-align:center">八　畫</h2>

兩同心

　　(二)調見明于慎思《龐眉生集》卷十六。

金川曉行

　　即菩薩蠻。明楊育秀詞名金川曉行,見《玩易堂詩集》卷二。

<h2 style="text-align:center">九　畫</h2>

春滿皇州

　　調見明龔用卿《雲岡選稿》卷一。

思歸引

　　即鷓鴣天。明李培詞名思歸引,見《水西全集》卷六。

帝臺新

　　即帝臺春。明王交詞名帝臺新,見《綠槐堂集》。

美人歸

　　明俞彥自度犯曲,見《俞少卿近體樂府》。

洞中仙

　　即念奴嬌。明季孟蓮詞名洞中仙,見《前八大家詩選・季叔房
　　卷》卷八。

十　畫

桂花春

　　明鄒枚自度曲,見《鄒荻翁集》。

浣花溪

　　即漁家傲。明張邦奇詞名浣花溪,見《張文亭公四友亭集》卷二
　　十。

十 一 畫

御階行

　　即御街行。明周詩詞名御階行,見《與鹿先生集》卷七。

十 二 畫

華表鶴

　　即鷓鴣天。明李培詞名華表鶴,見《水西全集》卷六。

菩提子

　　即蝶戀花。明李培詞名菩提子,見《水西全集》卷六。

朝天曲

　　調見明閔珪《閔莊懿詩集》卷一。

瑞鷓鴣

　　即鷓鴣天。明李培詞名瑞鷓鴣，見《水西全集》卷六。

落花引

　　調見《七十二峰足徵集》卷八十七明徐國瑞詞。

愁花令

　　調見明張鳳翼《處實堂續集》卷五。

新平樂

　　即清平樂。明唐欽詞名新平樂，見《唐氏先世遺文》。

十 四 畫

漢宮詞

　　即漢宮春。明陳近詞名漢宮詞，見《省庵漫稿》卷四。

漁　歌

　　即漁歌子。明鍾梁詞名漁歌，見《西皋集存逸》卷一。

十 五 畫

嘻樂歌

　　調見明鄭汝璧《由庚堂集》卷十四。

十 六 畫

憶長安

　　即憶江南。明俞彥詞名憶長安，見《俞少卿近體樂府》。

憶江南曲

　　即憶江南。明朱讓栩詞名憶江南曲，見《長春競辰集》卷十三。

撼膏雨

　　即瀟湘逢故人。明鄒枚詞名撼膏雨,見《鄒荻翁集》。

十　七　畫

優曇華

　　調見明李培《水西全集》卷六。

十　八　畫

歸去好

　　即鷓鴣天。明李培詞名歸去好,見《水西全集》卷六。

歸田樂

　　調見明俞彥《俞少卿近體樂府》。